공부머리를
역 전 하 는

7가지
진로
공부법

공부머리를 역전하는 7가지 진로 공부법

AI 시대 요즘 아이들을 위한
진로 탐색 가이드

앤디 림, 윤규훈 지음

온더페이지

차례

네 번째 공부,   **연애와 결혼**

다섯 번째 공부,   **돈**

프롤로그

"솔직히 말해줘야죠, 듣는 그 순간만 잠깐 좋은 이야기가 뭐 중요할까요?"

저는 강연장에서나, 책에서나 늘 솔직해지려고 노력합니다. 왜냐하면 한국경제가 최전성기에서 매우 가파르게 내려가고 있고, 저출산 문제는 당장 해결할 수 없으며, 사회적 갈등(남녀, 정치, 이념 등)은 극으로 치닫고 있는 암울한 상황이기 때문입니다. 졸업 후 취업난에 허덕이는 1020 선배들도 매년 늘어나고 있습니다. 말 그대로 심각한 위기 상황입니다. 그럼, 앞으로는 어떨까요? 상황이 나아져 있을까요? 아마도 아닐 것입니다.

'앞으로의 세상은 정말 최악이다!'라고 괜한 공포를 심어서 책을 팔려는 게 아닙니다. 어른들이 누리던 걸 다음 세대에게 잘 넘겨줘야 하는데, 이제는 더 이상 줄 게 없는 이 시대 상황을, 이 심각성을 여러분이 꼭 인식하길 바라기 때문입니다. 그래서 저는 절박한 심정으로 현실 이야기, 미래 이야기를 허심탄회하게 전달하고자 합니다.

지금 시대는 IT 시대를 넘어 AI(인공지능)시대입니다. '특이점(인간의 역할이 바뀌는 순간)'이라 불리는 상상 이상의 시대가 오고 있습니다. 인공지능도 대단하지만 앞으로 양자컴퓨터까지 발전하면 세상은 정말 예전과는 완전히 다른 시대가 될 것입니다. 그런데 시대가 바뀌었는데도 아직도 옛날 사고를 하고 있거나, 변화를 인식하지 않는 사람이 꽤 많습니다. 알아도 겉만 아는 사람도 상당히 많습니다. 여러분만은 깊이 알았으면 하고, 달라졌으면 하고, 확 바뀌기를 바랍니다. 각도를 5도, 10도만 바꾸는 게 아니라 60도, 90도, 180도는 바꿔야 합니다. 그렇게 인생을 확 바꿔야 합니다. 이 책은 그것을 도울 것입니다.

부모님과 함께 읽거나, 친구들과 함께 모여 읽으면 더 좋은 책입니다. 왁자지껄 토론하길 바라는 마음으로 만든 일종의 워크북입니다. 그러니 형광펜과 볼펜으로 책에 밑줄도 긋고, 떠오르는 생각도 적으면서 보길, 그래서 한 번이라도 더 머릿속에 각인시키길 바랍니다. 마지막 페이지까지 책이 지저분해진다면 더 바랄 게 없습니다.

저는 그저 생각할 소재와 현실을 소개해 주는 '진로 캐스터'에 불과합니다. 진짜 교육은 학교와 가정에서 이루어져야 합니다. 이 책을 읽는 선생님과 부모님이 있다면 꼭 당부드리고 싶은 게 있습니다. 아이들에게 "~해라"라는 말은, 말을 안 한 것과도 같습니다. 어른들의 가벼운 말 한마디에 바로 행동을 시도하는 학생은 최상위권의 극히 일부에 불과합니다. 그러니 아이들에게 직접 떠먹여 주시기를 바랍니다. 여기에 나오는 것을 직접 같이하고, 사람과 기회를 직접 소개해 주고, 하나부터 열까지 전부 챙겨 주시기를 바랍니다. "~해봐" 대신 "~같이 하자"라고 해주세요. 그렇게 한두 번만 함께 경험해 보면 혼자서도 열심히 인생을 가꾸고 바꾸게 될 겁니다.

참 감사하게도 전작이 학교 현장과 과정에서 많이 활용되었습니다. 이번 책 역시 딱딱하지 않으면서 실생활에서 실천할 수 있는 현실 기반의 진로 역량을 다뤘습니다. 이론적인 내용은 현실에서 통하지 않을 때가 너무 많기 때문입니다.

이 책은 인생에서 가장 중요한 7가지 공부에 대해 알려줍니다. 학생의 본분은 공부하는 것입니다. 여기에는 학교 공부뿐 아니라 진로 공부, 사람 공부, 돈 공부, 사랑 공부, 건강 공부, 인생 공부 역시 포함됩니다. 한 사람으로 인해 인생이 좋게, 혹은 나쁘게 바뀔 수 있기 때문에 사람 공부를 해야 합니다. 또 사회에 나오기 전에 돈 공부도 해야 합니다. 건강을 잃어서 그동안 쌓은 것이 물거품이 되지 않도록 건강 공부도 해야 합니다. 또한 인생의 원리 자체도 공부해야 합니다. 인생은 내가 잘해서 나의 기준을 만들거나, 내가 못해서 남의 기준을 따르거나의 게임입니다. 이 책을 통해 이러한 '인생의 원리'를 정확히 꿰뚫고 이해했으면 합니다.

책에 나온 7가지 공부는 어른들이 이구동성으로 "너무 중요하니 아이들에게 꼭 가르쳐 주세요"라고 요청하는 주제입니다. 그만큼 현실을 살아갈 때 꼭 필요한 내용만 엄선해서 담았습니다. 예시도 많고, 미션도 많이 준비했습니다. 가능하면 즐거운 마음으로 최대한 많이 도전해 보기를 바랍니다. 이 책이 지저분해지도록 '형광펜, 연필, 색깔 펜'을 사용해 읽으면 우리 뇌가 더 활발하게 움직이고 내용을 더 오래 기억할 겁니다.

꿈   현실

    이 책을 다 읽고 나면 이 책에서 가장 강조하는 것이 바로 '균형감' 임을 알게 될 거예요. 꿈과 현실의 균형감, 돈과 낭만의 균형감, 일터와 가정의 균형감 등 말이지요. 한쪽으로 치우치기보다는 '균형감' 있게 살아가며 그 안정성을 바탕으로 여러분이 하고 싶은 걸 하고 살면 좋겠습니다. 진심으로 여러분의 삶에 균형감이 넘치길, 여러분의 입시와 인생 모두 술술 풀리기를 기원합니다.

앤디 림, 윤규훈 올림

첫 번째
공부,

인새

인생이 바뀌는
7가지 선택

"선생님, 인생 좀 잘 풀렸으면 좋겠어요~"

"그래? 그럼 인생 공부는 좀 해 봤니?"

"네?"

"대학을 가려면 입시 공부, 돈을 많이 벌고 싶다면 재테크 공부,

자격증을 따고 싶다면 자격증 공부를 하는 것처럼

진로와 인생에 관한 공부를 하는 건 당연한 거란다."

여러분께 확실하게 말해주고 싶습니다. 인생을 잘 살고 싶으면 인생 공부를 꼭 하세요. 어떻게 하면 평범한 인생을 사는지, 어떻게 하면 특별한 인생을 사는지, 또 어떻게 하면 부자가 되는지 말이지요. 그러면 정말로 인생이 바뀝니다. 신기하게도 인생을 공부하는 순간 인생이 활짝 피게 되는데, 대다수의 사람은 이를 잘 모르는지 공부에 소홀합니다.

세상은 1등이 아니어도 잘 살아갈 방법이 너무 많습니다. 물론 아직까지 성적을 기준으로 학생들을 판단하는 일부 어른들도 있지만, 세상에는 여러 기준의 행복이 존재합니다. 돈 버는 방법도 다양하고 행복해질 방법도 다양합니다. 그러니 지금부터 여러분의 인생이 술술 풀릴 공부를 같이해 봅시다. 우리가 공부할 인생의 중요한 키워드는 크게 7가지입니다.

인생의 7가지 중요한 키워드

가령, 공부는 못했어도 돈을 잘 벌어서 인생이 잘 풀릴 수 있습니다. 또 공부도 평범, 직장도 평범하지만, 좋은 성격으로 결혼을 잘해서 인생이 잘 풀리는 경우도 많습니다. 이렇듯 인생의 공식, 특정 패턴, 시스템의 원리, 규칙 등을 공부해야 합니다. 자본주의 사회의 원리, 기업과 대학이 인재를 뽑는 과정, 연애 잘하는 사람들의 특징, 꿈을 이룰 때 필요한 현실 요건 등을 말이죠. '아, 이렇게 하면 성공 확률이 높아지는구나!', '국가 차원에서 지역인재 전형이 확대될 수 있으니 공부 못한다고 너무 주눅 들 필요 없구나!', '공부 성적이 부족해도 다른 방향으로 가서 부자가 될 수도 있구나!', '말투를 바꾸면 사람의 마음을 얻을 수 있구나!'라고 세상 공략법을 공부하는 겁니다.

또 인생에 해가 되는 것들도 미리 공부해야 합니다. 가령 사기꾼의 특징은 무엇인지, 건강을 잃는 사람의 습관, 법을 몰라서 스스로 인생이 꼬인 사람들 등을 알아두면 좋습니다. 실제로 인생은 '플러스'도 중요하지만, '마이너스' 될 만한 것을 하지 않는 것도 매우 중요하기 때문입니다. 이렇게 인생을 미리 공부해 두면 남들이 시행착오를 거치며 헤매느라 인생을 늦게 헤쳐 나갈 때, 여러분은 더 빠른 속도와 더 정확한 방향으로 나아가게 되어 훨씬 만족도 높은 인생을 살아가게 되는 것입니다. 이해되지요? 대학 진학을 넘어서 인생 전체를 깊이 공부해야 하는 이유 말이죠.

앞서 언급한 7가지 키워드는 인생에서 정말 중요합니다. 어떤 선택을 하느냐에 따라 위로 '획' 올라갈 수도, 아니면 회복할 수 없는 상태로 '훅' 떨어질 수도 있는 인생의 갈림길이기 때문입니다. 신중하게 선택하는 것도 물론 중요하지만 더 중요한 것은 무엇을 선택하든 그 선택에 후회가 없도록 '최선'을 다하는 것이에요. 누구나 인생을 바꿀 수 있지만 아무나 인생을 바꿀 수 있는 것은 아니거든요. 그러니 단 한 번이라도 최선을 다해 인생을 '완전히' 바꾸는 경험을 하길 바랍니다. 여러분이 살아갈 시대는 차가운 시대로서 각자도생*, 적자생존** 시대임을 꼭 기억해야 합니다.

• 각자도생(各自圖生): 누가 도와주는 게 아닌, 각 개인이 자기 살길을 찾아야 한다.

•• 적자생존(適者生存): 변하는 환경에 잘 적응하면 살아남고, 그렇지 못한 것은 도태되어 멸망한다.

Q. 내가 생각하는 인생 중요 순위는 무엇인가요? 함께 토론하며 다음 표를 채워 보세요.

-가치관, 진로, 공부, 연애/결혼, 돈, 건강, 사람-

	본인	엄마/아빠	친구 1명
1순위			
2순위			
3순위			
4순위			
5순위			
6순위			
7순위			

솔직히, 인생에는 '치트키'가 있다

치트키란 '부정행위 수준으로 강력하게 상황을 해결하는 아이템'을 의미합니다. 우리 인생에도 이런 '치트키'가 있다는 사실을 알고 있나요? 바로, 돈, 깔끔한 외모, 화려한 인맥, 타고난 건강, 훤칠한 키와 몸매, 타고난 공부머리, 명문대 학벌 등이 그 예시입니다. 일부 어른들은 '그런 것 없이도 노력만 하면 안 되는 거 없어', '정신력이 더 중요해', '의지의 문제야'라고 말하는데요, 그 말도 일리는 있지만, 솔직히 인생 치트키를 가지고 있다면 성공 확률과 속도 면에서 훨씬 더 빨라지는 것도 사실입니다.

인생 치트키	현실 기반 치트키
어디(나라, 도시)에서 태어나느냐	특정 나라에 거주
어느 대학을 나오느냐	특정 지역 (강남, 학군지)에 거주
어떤 전공을 선택하느냐	국제학교, 외국인학교 출신
어떤 직업을 갖느냐	영어유치원 출신
어떤 배우자를 만나느냐	사교육 및 각종 입시 학원 수강
재테크에 성공하느냐	영재교육원 출신
사회와 학교에서 어떤 사람을 만나느냐	국제고, 자사고, 특목고 출신
우리 집 재산이 얼마나 많으냐	해외 조기 유학 여부
내가 어떤 사람이 되느냐	마이스터고, 특성화고 전략 활용

어떻게 건강을 관리하느냐	농어촌 전형 활용
어떤 외모이냐	로스쿨, 의대, 명문대 진학
어떤 피부이냐	인맥을 통한 취업 정보 획득
어떤 키와 체중이냐	편한 군대 보직
어떤 성격이냐	성형 및 시술
어떤 목소리이냐	키 성장센터 관리
어떤 가치관과 철학을 가지느냐	건강검진센터 관리
어떤 부모의 밑에서 자랐느냐	결혼정보회사 VIP
부모의 유전자가 우수하냐	인맥(높은 자리의 사람, 좋은 직장에 취업한 선배,
부모의 직업이 무엇이냐	부자, 전문가)
조부모의 사회적 지위가 어떻냐	상속 및 증여(부동산, 주식, 사업체)
타고난 재능이 있느냐	아빠 찬스, 엄마 찬스, 조부모 찬스

읽어보니 어떤가요? 치트키라는 사실에 어느 정도 동의가 되나요? 이제 왜 어른들이 공부를 잘해야 한다고 지겹도록 말하는지 이해가 될 겁니다. 좋은 학벌이 현실에서 취업과 창업의 치트키가 되기 때문입니다. 왜 SNS 인플루언서들이 피부 관리, 눈썹 문신, 치아 교정 및 미백, 다이어트 등을 통해 매력적인 외모를 가지려 할까요? 바로 매력적인 외모가 호감 치트키가 되고, 연애 치트키가 되기 때문입니다. 마찬가지로, 돈을 많이 버는 것도, 좋은 회사에 다니는 것도, 건강한 것도, 인맥이 좋은 것도 다 같은 맥락입니다.

지금까지 살펴본 치트키가 유형적인 치트키라면 앞으로 살펴볼 치트키는 무형적인 치트키입니다. 사람들은 유형적인 치트키만 중요하다고 생각하는데, 사실 성공한 사람들을 보면 이 무형적인 치트키로 잘된 경우가 대다수입니다.

- 요청받은 것 외에 뭔가를 더 해서 가져다주는 사람
- 뭐든 빨리빨리 하면서 문제를 정확히 해결하는 사람
- 구체적인 칭찬을 잘하는 사람
- 다른 사람 뒷담화를 하지 않는 사람
- 나 혼자만 잘되는 것이 아닌, 다른 사람도 잘되게 돕는 사람
- 약속 시간에 절대로 늦지 않는 사람
- 성실하고, 능동적이며 자기 발전을 꾸준히 하는 사람
- 지나치게 예민하지 않고, 까탈스럽지 않은 사람
- 눈이 오나 비가 오나 꾸준하고, 뭐든 중간에 포기하지 않고 끝까지 완주하는 사람
- 메타인지(자기 객관화)가 잘되는 사람
- 무인도에서도 살아남을 '생활력'을 가진 사람
- 내 사람은 끝까지 책임지겠다는 '책임감'이 있는 사람
- '깡다구', 인내심이 좋은 사람
- 남의 말을 잘 들어주는 사람
- 혼자서도 잘 살고, 잘하는 '독립심'이 강한 사람
- 절약의 가치를 아는 사람
- 사회와 사람에 '봉사'를 잘하는 사람
- 잘 웃고, 주위와 원만하게 잘 지내는 사람
- 미루지 않고 바로바로 실행하는 사람
- 일센스, 유머센스, 배려센스가 있는 사람
- 인사 잘하고, 예의가 바른 사람
- 상대방이 듣기 좋은 말투를 쓰는 사람
- 문제가 터졌을 때 임기응변과 해결 능력이 좋은 사람
- 돈 냄새를 잘 맡는 사람
- 말을 기가 막히게 잘하는 사람
- 긍정적인 사고를 하는 사람

실제로, 세상을 살다 보면 유형적 치트키가 있음에도 이 무형적 치트키가 받쳐주지 않아 잘 안되거나 오래 지속되지 못하는 경우를 쉽게 볼 수 있습니다. 또 오히려 유형적 치트키 없이 무형적 치트키만으로 잘되는 사람들도 은근 많습니다. 그러니 혹시나 내가 유형적 치트키가 없다고 자책하거나 주눅들 필요는 전혀 없습니다. 물론, 당연하게도 유형적·무형적 치트키 둘 다 가지고 있는 사람은 남들보다 속도가 2배, 3배는 더 빨라지는 만큼 여러분도 역시 유형적·무형적 치트키 모두 균형 있게 가지려고 노력하는 것이 중요합니다.

　이제 여러분이 해야 할 일은 이 책에 나오는 유형적·무형적 인생 치트키를 어떻게 가져야 할지 방향과 전략을 세우는 겁니다. 그 뒤에는 그것들을 그저 게임하듯이 획득만 하면 됩니다.

　'나는 공부머리가 부족하니, 돈머리와 일머리를 길러볼까?', '나는 체력이 좋고 몸 쓰는 일은 자신 있으니, 목수나 인테리어 현장으로 나가볼까?', '나는 체육을 좋아하니 경찰이나 소방공무원을 노려볼까?' 등을 시도하면 됩니다. 물론 그 과정이 쉽지만은 않을 겁니다. 그러나 이대로 가봤자 뻔한 인생이라면 이 악물고 한 번은 제대로 바꿔봐야 하지 않을까요? '그래! 한번 바꿔보자!', '부모님 고생 그만 시키자!' 이렇게 눈 딱 감고 주먹 불끈 쥐고 유형적·무형적 치트키를 위해 제대로 노력해 보는 겁니다.

유튜브 시청하기

1) SBS <생활의 달인> '스물두 살 MZ세대 달인의 1억 모은 방법'

2) '인생을 완전히 바꾼 한마디, 성공보장 마인드셋' by 에드마일렛

3) '운동을 해야 하는 진짜 이유' by 드웨인 존슨

4) 배우 차승원이 말하는 삶에서 갖춰야 할 자세

"능력이 없으면 열정이라도 있어야 하며
열정도 없으면 겸손하기라도 해야 하며
겸손하지도 못할 거면 눈치라도 있어야 한다."

-tvN <삼시세끼-고창 편>-

선배들의
인생 조언

진로 특강 시간에 "여러분이 행복했으면 합니다"라는 말을 자주 하곤 합니다. 가볍게 위로하기 위해 혹은 잠깐 기분 좋아지라고 하는 말이 아닙니다. 살다 보니 사회적으로 성공했어도 불행한 사람이 있고, 반면 사회적으로 성공하지 못했어도 행복한 사람이 있더라고요. 결국 '내 마음이 이걸 하면 편안한가?'를 늘 염두에 두며 인생의 다양한 선택지 중에서 한두 개를 잘 고르면 되는 것 뿐입니다. 그런 점에서 여러분의 선배들이 꼭 전달해 달라고 한 현실 조언들을 정리해 보았습니다. 좋은 문장에 밑줄 쳐가며 잘 읽어보기를 바랍니다.

운동 못해도, 그림 못 그려도,
노래 못 불러도 뭐라 안 하는데,
왜 공부 못한다고 주눅 드나요?
전~혀 그럴 필요 없습니다. 그냥
다 각자 재능이 다를 뿐입니다.

1등 못 해도 괜찮습니다.
최상위 못 해도 괜찮아요.
보통으로 살아도 나쁘지 않습니다.
일부 나쁜 어른들이 만들어 놓은
'성공 최고론'에 매몰되지 마세요.
세상의 대부분은 보통 사람임을
명확히 알기 바라요.

이 책은 여러분이 보통으로 살지, 특별하게 살지, 앞서가며 살지, 여유 있게 살지 등을 고르도록 도움을 주는 가이드일 뿐입니다. 결국 여러분이 선택하는 게 중요합니다.

진로의 1순위는 흥미입니다. 뭔가를 잘해서 흥미가 생길 수도 있고, 뭔가를 좋아해서 생길 수도 있어요. 그러니, 최대한 많은 경험을 통해 내가 '흥미'를 가지는 게 뭔지를 찾아보세요.

간혹 창업 특강, 취업 특강을 들어보면 직장인 같은 '보통 사람'을 무시하는 사람이 있어요. "왜 회사의 노예가 되는지 모르겠다, 이렇게 하면 돈 벌 수 있는데 왜 안 하지?" 등 말이죠. 보통 사람이 얼마나 중요한지 모르거나 함부로 말하는 사람은 잘못된 사람임을 잊지 마세요.

누구에게나 인생에서 큰 기회 몇 번, 작은 기회 수십 번은 반드시 옵니다. 한 번 놓쳤다고 주눅들지 마세요. 대학 말고도 인생을 바꿀 기회는 무궁무진하니까요.

예전에는 조금만 할 줄 알아도 되는 시대였다면 지금은 제대로 해야 하는 시대입니다. 특히나 상향평준화로 인해 할 줄 아는 사람은 많아졌는데 제대로 하거나 특별하게 하는 사람은 많이 없어요. 그래서 신입 채용에서 경력 채용으로 바뀌고 있는 거예요.

노력을 해 봐야 내 재능의 크기와 차이를 정확히 알 수 있어요. 여기서 노력이란 오래 버티기, 다양하게 시도하기, 최선을 다하기예요. 그래야 내 수준과 적성을 '정확히' 알 수 있게 돼요.

인생은 은근히 짧아요. 특히 젊음은 매우 짧아요. 수명이 늘어난 것은 노인으로서 삶의 시간이 늘어난 것이지, 청춘이 늘어난 것이 아니에요. 청춘은 정말 후딱 가버리니 최대한 많은 도전과 즐거움을 추구하며 살기 바라요.

시행착오는 언제나 옳습니다. 시행착오는 끝이 아닙니다. 과정의 일부분입니다. 그러니, 많이 시도하고 실패하고, 또 시도하기를 바랍니다. 그러다 보면 어느 순간 '문'이 열리는 순간이 옵니다.

다른 사람에게 의존하지 마세요. 전공 교수도, 학교 교사도, 여러분의 친구도, 친한 선후배도 결국 다 '남'이에요. 남을 도와주는 데는 한계가 있어요. 차라리 내가 잘돼서 도와주는 게 더 마음 편할 때가 많아요. 의존성을 줄이고, 삶을 독립적으로 살아가세요.

사람을 잘 만나는 게 인생에서 굉장히 중요합니다. 좋은 사람을 만나야 하는 것처럼, 나쁜 사람을 만나지 않는 것도 매우 중요해요.

'내 인생은 앞으로 어떻게 될까?' 생각하기

여러분의 인생은 어떻게 흘러갈 것 같나요? 잘 흘러간다? 아니면 이번 생은 망했다? 아니면 잘 모르겠다? 뭐가 되었든 간에 이번 챕터를 통해 잠시 멈춰서 여러분의 과거, 현재, 미래를 제대로 생각해 보기 바랍니다. '내 삶이 어떻게 흘러갈지' 깊이 생각한 사람과 안 한 사람은 어마어마한 차이로 인생이 벌어지기 때문입니다. 사실 이 책의 제목을 '인생을 마주하는 진로 공부법'으로 할까도 고민했었는데요, 그만큼 내 인생을 마주하고 제대로 인식하는 것이 제일 중요하기 때문입니다.

"brutally"

아이폰을 만든 창업가 스티브 잡스의 생애와 업적을 다룬 영화 〈잡스〉에는 이런 장면이 있습니다. 스티브 잡스가 한 직원에게 물어봅니다. "자네는 정말로 최선을 다했나?" 그러자 직원은 "네, 열심히 했습니다"라고 답합니다. 그러자 잡스가 직원의 코앞까지 다가와 침을 튀겨가며 큰 소리로 다시 물어봅니다. "정말 자네는 최선을 다했나?" 그러자 직원은 우물쭈물하다가 "네! 최선을 다했습니다!"라고 답합니다. 잡스는 다시 다가와 큰소리를 치며 "잔인하리만큼brutally 스스로에게 물어봐! 정말 최선을 다했나?" 그러자 직원은 잠시 생각에 빠졌다가 "아니요. 그렇지 않은 것 같습니다"라고 답합니다. 그러자 잡스는 "이렇게 생각조차 최선을 다하지 않는데 어떻게 이번 프로젝트에 최선을 다했겠나!"라고 야단칩니다.

저는 여러분이 이처럼 솔직하게 인생을 마주했으면 합니다. "와, 나 이대로 가면 선배들처럼 힘들어지겠는데요?", "아빠, 현실에서 취업이 이렇게 어려워요?", "친구야, 우리 이대로 가면 큰일 날 거 같지 않냐?"라고 주변 사람들과 진지한 이야기를 해도 좋습니다. 그렇게 진실을 마주하고 원인을 제대로 바라보아야 결과를 바꿀 수 있지, 덮어두고 외면해서는 안 됩니다. 저 역시 한 번뿐인 인생을 바꾸려고 잔인하리만큼 스스로에 대해 생각한 경험이 있습니다. '나는 왜 늘 이런 선택을 할까?', '왜 이 정도 성적밖에 못 받았을까?', '왜 대학에서 이건 성공했고 저건 실패했지?', '전 여자 친구들은 나의 어떤 점을 보고 사귀었을까?', '나는 어떤 사람과 잘 맞을까?', '왜 친구한테 수천만 원을 빌려줘서 아직도 못 받고 있을까?', '다음에도 이런 일이 발생하면 나는 또 반복하겠지?' 등을 정말 세세하게 분석했었습니다. 스스로를 마주하는 시간이 아프기도 했지만, 냉정하게 마주 봄으로써 나 자신을 정확하게 바라보게 되었습니다.

그렇게 내 인생의 각도를 5도, 10도만 바꾼 게 아니라 30도, 45도, 90도로 확 바꿨습니다. 그 과정에서 어린 시절 친구들과의 만남은 서서히 줄이고 새로운 사람들을 쫓아 그들과 친구가 되었습니다. 책도 가까이하기 시작했고 뭔가를 주도적으로 배우기 시작했습니다. 정말 깊게 파고들었습니다. 그렇게 내 기존의 인생과 다른 방향으로 나를 밀어 넣다 보니 웬만한 꿈을 다 이루게 되었습니다.

　제가 한 일은 그저 멈춰 서서 '잔인하리만큼 제대로' 나를 마주했고, 기존과 다른 사람과 환경으로 스스로를 밀어 넣으며 인생의 각도를 '확' 바꾼 것뿐입니다. 즉, 저의 모든 결과와 행동에는 분명한 원인이 있었고, 그 원인을 제대로 분석한 뒤에 과감하게 잘라버리고 '확' 바꿔버린 것입니다.

　이해를 돕기 위해 예를 들어 보겠습니다. 여기 2명의 사람이 있습니다. 그저 어른들이 시키는 대로 입시 공부를 한 A군과, 본인의 상황을 잔인하리만큼 객관화해 인생 계획을 세운 B군입니다. A군은 공부를 열심히 해서 인서울(서울 소재) 대학을 나왔지만 취업엔 실패해서 현재까지 취업 준비를 하고 있습니다. B군은 이대로 가면 뭔가가 애매할 것 같다는 고민을 하기 시작했고 대학에 들어가자마자 족발 가게에서 아르바이트를 시작했습니다. 공부는 애매했지만 '인싸' 기질이 있던 B군은 손님, 직원 상관없이 원만하게 잘 지내면서 홀과 주방 모두를 섭렵하기 시작했습니다. 결국, 3년 뒤 나만의 가게를 창업해 현재 프랜차이즈(가맹점) 족발 가게 대표가 되었습니다. 이 둘의 인생을 가른 결정적 차이는 바로, 인생을 고민했는지, 또 제대로 점검했는지 여부입니다.

다른 예를 들어볼까요? 공부를 잘하는 C양이 있습니다. 반면 D양은 공부머리가 딱히 있어 보이지 않습니다. 여러분은 D가 학교에서 죽어라 공부한다면 인생이 바뀔 거라 보나요? 아닙니다. D는 공부가 아닌 다른 일을 하는 게 성공 확률이 더 높을 겁니다. 공부머리 대신 뛰어난 운동신경을 가지고 있는 D는 운동능력을 활용해서 경찰공무원 시험에 도전했고 현재 순경으로 근무하고 있습니다.

또 다른 친구 F가 있었습니다. 공부도 애매, 운동신경도 애매, 성격도 적극적이기보다는 내성적이었습니다. 그 친구는 스스로를 마주한 끝에 '혼자서 할 수 있는 일'을 찾기로 결심했습니다. 도배, 타일 등 현장 일을 프리랜서로 하다가, 지금은 타일 도매상을 차려서 인테리어 자재를 납품하고 있습니다.

여러분, 사람의 인생은 절대로 공평하지 않습니다. 만일 내가 가진 게 남들보다 부족하다면 2배, 3배로 노력하거나, 아니면 남들과 아예 다른 방향으로 가는 수밖에 없습니다. 그러니 딱 한 번만 공부에 최선을 다해보고 정 아니다 싶으면 '내가 해야 할 일이 뭘까?'를 그때부터 진지하게 고민하면 됩니다. 사람마다 공부머리, 일머리, 돈머리 등이 다르다는 사실을 꼭 명심하면서 말이죠.

이 책의 핵심은 간단합니다. 각자 어떤 머리와 재능이 있는지 스스로 정확히 알아보자는 것입니다. 그래서 공부의 길로 갈지, 아니면 몸 쓰는 일, 돈이 되는 일, 내가 좋아하는 일로 갈지를 결정하는 겁니다. 이때 남의 눈치는 절대 보지 마세요. 그 사람들은 여러분의 인생을 대신 살아 주지도, 책임져 주지도 않습니다. 내 인생이 어떻게 흘러갈지, 내 인생을 어떤 결로 승부 볼지, 미래를 어떻게 바꿀지 등을 치열하게 고민하고 인생의 방향을 바꾸는 건 여러분 스스로 해야 합니다.

'나의 재능과 노력은 몇 등급일까?' 파악하기

"공부도 재능인가요?" "노력하는 것도 재능인가요?" 커뮤니티에 너무 많은 논쟁이 있고, 방송에서도 가끔 나오는 소재입니다. 이번 챕터를 통해 확실하게 재능과 노력에 관해 정리를 해보겠습니다.

재능은 타고나는 게 맞다

"세상 모든 일은 재능으로 결정된다"라는 말이 있습니다. 솔직히 어느 정도는 맞습니다. 남들과 똑같이 7시간을 공부해도 암기력과 이해력이 부족해서 결과가 다른 경우는 매우 흔한 일입니다. 또 똑같은 운동을 해도 타고난 근육이 달라서 회복과 생성이 다른 경우도 정말 많습니다. 마치 제가 지금부터 잠도 안 자고 죽을힘을 다해 노력한다고 해서 축구선수 손흥민, 야구선수 오타니 선수가 될 수 없는 것과 같습니다.

실제로, 실력을 인정받는 운동선수나 머리가 좋은 박사들도 위로 올라갈수록 재능의 한계를 더 뼈저리게 느낀다고 합니다. 말 그대로 '천재 위에 천재'가 있고 그 위에 또 천재가 있는, 절대 노력으로 따라

잡을 수 없는 수준이 존재한다는 거죠. 이 정도 수준 차이는 후천적인 노력을 '아무리' 해도 따라잡는 게 불가능합니다. 결국, 똑같은 시간을 쓰고 똑같은 행동을 했음에도 결과에 차이가 있다면, 그것은 타고난 게 다른 '재능의 차이'이고, 이는 '재능은 타고나는 게 맞다'라는 결론이 됩니다.

중요한 것은 재능이 전부가 아니라는 것입니다. 최상위권은 재능의 영역이기 때문에 노력만으로 달성하기 무척 어렵지만, 상위권에서 중위권까지는 노력으로 충분히 올라갈 수 있습니다. 스카이, 인서울 대학에도 천재형 학생과 노력형 학생이 섞여 있습니다. 대기업에도 천재형 사원이 있고, 노력형 사원이 있습니다. 축구리그에도 천재형 선수가 있고, 노력형 선수가 있습니다. 이걸 정확히 이해해야 합니다. 우리는 재능의 차이를 인정하고, '나는 이 정도이니 어디까지 가겠다'라는 목표를 설정하면 됩니다.

다시 말해, '내 재능으로 가능한 등급은 몇 등급이고, 노력하면 몇 등급까지 갈 수 있을까'를 객관적으로 판단하는 게 필요합니다.

노력도 재능이다,
이 말은 반만 맞다

여기서 질문, 과연 '노력하는 것'도 재능일까요? 정답을 말씀드리자면 노력 역시 재능이 맞습니다. 여기서 말하는 노력은 '최상위 노력'입니다. 움직이지 않고 하루에 10시간씩 공부하는 노력, 주변 사람들이 혀를 내두를 정도의 노력 말이죠. 이는 일반적인 노력과 구별됩니다. 이둘을 헷갈려서는 안 됩니다. 즉, 최상위 노력이 재능의 영역이고, 일반적 노력은 우리 모두 할 수 있다는 것입니다.

그럼, 여러분이 해야 할 일은 뭘까요? 앞에서 여러분의 재능이 현재 몇 등급인지 체크한 것처럼, 지금 내 노력이 어느 정도인지 체크해 봐야 합니다. '흠, 솔직히 내가 최선의 노력을 해 본 적이 있나? 내 노력은 100점에 몇 점일까? 만일 A~D등급이 있다면 난 몇 등급일까?'를 정확히 인식해야 합니다.

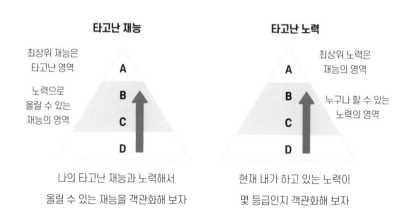

나의 타고난 재능과 노력해서
올릴 수 있는 재능을 객관화해 보자

현재 내가 하고 있는 노력이
몇 등급인지 객관화해 보자

가령, 하루에 순 공부 시간이 8시간이면 A등급, 6시간이면 B등급, 4시간이면 C등급이라 할 수 있습니다. 또 낭비되는 시간 없이 공부하면 A등급, 집중력이 중간에 흐트러지긴 했지만 그래도 나쁘지 않게 했다면 B등급, 의자에 오래 앉아 있었지만 집중력이 낮고 별로 한 것이 없었다면 C등급이라 할 수 있습니다. 솔직히 A등급의 노력은 어른들도 힘든 과정입니다. 10대 시절에 하루 4~5시간만 자면서 몰두할 수 있다? 이미 그 10대는 최상위 노력이 출중한 상태입니다. 최상위 노력과 일반적 노력을 구분하지 않고, '얘, 봐봐, 저게 진짜 노력이야~ 너도 저 정도는 해야 해', '노력하면 다 돼~', '요즘 애들은 절실함이 없어'라고 꼰대처럼 말하는 것은 '노력을 제대로 이해하지 못한' 어른인 겁니다. 그러니 여러분이 할 일은 노력 A등급을 목표로 하되, 적어도 노력 B등급을 하며 평범한 삶 이상을 살아갈 연습을 하는 겁니다.

10대 청소년이 보통 이상으로 키워야 하는 대표적인 진로 역량

말빨	일센스/일머리	돈센스/돈머리	디자인 능력
A	A	A	A
B	B	B	B
C	C	C	C
D	D	D	D

공부 능력	꾸준하기	둥근 성격	운동신경
A	A	A	A
B	B	B	B
C	C	C	C
D	D	D	D

이렇게 일반적 재능을 바탕으로, 보통 이상 노력하면 여러분도 성적을 향상할 수 있고 어떤 능력이든 향상됩니다. 마치 의치한(의대, 치대, 한의대)은 못 가도 명문대나 국립대는 갈 수 있는 거고, 뛰어난 작가는 못 되어도 책을 출판할 정도의 글쓰기 수준까지는 올릴 수 있는 겁니다. 다시 강조하지만, 우리의 목표는 노벨상이나 세계적인 연구자, 해외 진출이 아닌 적당한 입시 성적과 현실적인 진로가 목표임을 잊지 말아야 합니다.

	부자(순자산)	공부	유튜브 구독자
최상위(~4%)	15억 원 이상	의치한, 스카이	10만 명 이상
상위(4-11%)	10억~15억 원	인서울	2만~10만 명
중상~중(11~30%)	4억~10억 원	인서울~국립대	5천~2만 명
그 외(30%~)	4억 원 이하	사립대	5천 명 이하

* 재능이 된다면 최상위(1~4%)를 노리고, 그게 아니라면 그 아래(4%~)를 노려도 충분히 괜찮다. 행복의 방법은 여러 가지다.

전문가를 통해 노력도 전략적으로 하기

대부분의 어른은 노력하라고만 하지 노력의 크기, 방법, 방향을 알려주지 않습니다. 그저 "노오~력을 해", "남들과 똑같이 자면서 어떻게 앞서겠어"라고만 합니다. 그 노력의 시작, 노력의 과정, 노력을 결과로 만드는 것이 다 다름에도 노력이라는 단어 하나로 끝내는 것이죠. 완전히 잘못된 접근입니다. 그래서 이 노력의 방법, 즉, 공부법과 훈련법을 제대로 배워야 합니다. 저도 '노력'이란 단어를 자주 쓰지만, 솔직히 별로 좋아하지 않습니다. 추상적이고, 구체적이지 않고, 꼰대처럼 보이기 때문입니다. 차라리 '노력' 대신 '반복', '단련', '연습', '꾸준함'이란 단어가 더 본질적이고 구체적입니다.

그런 점에서 여러분은 해당 분야 사교육 전문가, 입시 전문가, 꿈을 이룬 선배, 공교육 진로 진학 상담교사분들과 상담하면서 제대로 연습하는 방법, 단련의 방향, 반복의 횟수, 꾸준하게 할 환경 설정 등을 정확히 배우기를 바랍니다. 학교와 학원이 서로 적이 될 필요가 없고, EBS라고 무시하면 안 됩니다. 이는 마치 헬스장에서 혼자 운동하는 것보다 돈을 지불하고 개인PT를 받는 것이 부상 방지, 올바른 운동 습관 형성, 빠른 근육 성장 면에서 바람직한 것과 같습니다. 실제로, 메이저리그 야구선수들도 휴식 기간에 돈을 지불하고 외부 전문가에게 교습을 받습니다. 축구선수 황희찬도 영국에 진출했음에도 국내 사설 축구센터에서 계속 훈련을 받고 있으며, 야구선수 추신수 역시 부상 방지를 이유로 필라테스를 배우고 있습니다. 전문가에게 배우는 게 가장 빠른 길임을 명확히 인식해야 합니다.

예시 1) 예체능 분야

결국 세상 모든 분야가 '반복에 따른 스킬 향상'이 핵심이기 때문에 전문가에게 배우고 반복하면 실력이 늘 수밖에 없습니다. 여러분이 야구, 축구, 농구, 팔씨름, 탁구, 수영, 바둑 등 스포츠에서 빠르게 실력을 늘리고 싶다면 전문가에게 교육받는 것이 제일 빠른 방법이지 않나요? 고기 썰기, 회 뜨기, 낯선 사람에게 영업하기, 노래 발성법, 수학 문제 푸는 법도 마찬가지입니다. 국어 지문 빠르게 읽는 법, 신문 기사 읽는 법을 배우고 반복하면 남들보다 속독력, 문해력, 이해력이 뛰어나질 겁니다.

'아, 제대로 훈련만 받으면 실력이 늘겠구나!'라고 담백하게 사실을 받아들이고 정확한 훈련을 반복하면 됩니다. 미술도, 운동도, 요리도, 연기도 그렇게 정석적인 공략법을 배우고, 그것을 그저 반복하면 됩니다. 그러니, 여러분도 관심 분야에서 전문가나 선배들을 찾아가 정석적인 전략과 공부법을 먼저 습득하기를 바랍니다. 그것이 시간을 아끼고, 기본기와 습관을 잡는 가장 중요한 과정이기 때문입니다.

예시 2) 입시

"후배들이 입시는 기술 싸움, 전략 싸움이라는 걸 꼭 알았으면 합니다." 정말 많은 선배가 후배에게 해주고 싶은 말로 이 말을 꼽았습니다. 왜 서울 3대 학군지(강남, 목동, 중계동)에 못 가 안달일까요? 이곳은 공부를 안 할 수가 없는 환경, 즉 공부머리를 극대화하거나 역전시킬 후천적 기술과 전략이 '돈'을 통해 주입되는 환경이기 때문입니다.

지금 강남에서는 초등학생임에도 벌써부터 의대와 명문대를 목표로 고등 선행을 n회 반복하고 있으며, 생기부를 전략적으로 디자인하며 만들어 가고 있습니다. 또 일부러 외국에 나갔다가 들어와서 외국어 특기자 전형 및 편입 등으로 명문대나 인서울 대학을 쉽게 가기도 합니다. 결국 전략적으로 진로를 디자인해 대입 전쟁을 잘 치러 내는 것입니다.

재능과 노력을 '메타인지' 하기

진로를 설정할 때 가장 중요한 것은 '현실 감각'과 '메타인지(자기 객관화)'입니다. 내가 그 꿈을 이룰 확률은 얼마가 되고, 그 꿈이 현실적으로 돈이 될지, 그 꿈을 지속할 현실적인 통계는 있는지 등을 알아보는 것입니다. 솔직히 꿈을 이루는 것은 확률상 매우 어렵고, 그 꿈이 중간에 바뀔 확률 또한 매우 높습니다. 그래서 '꿈'을 꾸되, 현실 상황을 객관적으로 점검하며 그 2가지의 균형을 맞춰야 합니다. 그리고 학생, 부모, 교사가 함께 진로를 '디자인'하고 인생 로드맵을 만들어 가야 합니다.

메타인지에서 우리가 할 일은 나는 어떤 재능이 있고, 어떤 관심사에 흥미를 느끼는지, 내 능력의 한계는 어디까지인지 등을 객관적으로 점검하며 내 행복의 방향을 결정하는 것입니다. 누군가는 음악을 진로로 설정해 대중음악을 할 수도 있지만, 누구는 소소한 인디음악, 전통음악, 농악을 할 수도 있습니다. 누군가는 돈을 왕창 벌려고 할 수도 있고, 누군가는 돈보다 내가 추구하는 가치를 좇을 수도 있습니다.

만일 운동신경은 뛰어나지만, 프로 선수로 성공하기가 어렵다면 그 운동신경을 살려서 소방관이나 경찰같이 몸을 쓰는 직종을 선택하면 되고, 미술 실력은 뛰어나지만, 미대 졸업 후에 취업이 애매하다면 순수미술이 아닌 실용 디자인, 영상, 건축 분야로 진로를 변경할 수도 있습니다. 결국, 나를 객관화하는 과정을 통해 내 재능의 크기와 한계(본인의 실력, 현재 등급, 나의 환경, 나의 그릇, 노력 이후 예상 최고 등급)를 객관적으로 체크하고, 그것을 통해 인생의 방향을 설정하는 것입니다.

운동신경 있는 학생의 진로 개척의 예시

A ●────────── 프로 운동선수

B ●────────── 프로는 못 되었지만, 운동신경 활용 가능

(군인, 경찰, 소방, 경호, 물리치료사, 재활치료사 등)

C ●────────── 운동과 관련 없음

(사무직, 현장직, 창업 등)

'미래 세상은 어떤 모습일까?'
예측하기

여러분에게 몇 가지 질문을 던지겠습니다. 가볍게 읽어보세요.

1) 대한민국의 미래는 밝을까요? 어두울까요?
2) 통일이 될까요? 여러분은 통일을 원하나요?
3) 앞으로 30년, 50년 뒤 대한민국의 시골은 어떻게 되어 있을까요?
4) 대한민국에 이민자 인구가 전체의 20~30%가 된다면 어떻게 될까요?
5) 남녀 갈등, 세대 갈등, 문화 갈등, 인종 갈등이 생기면 어떻게 될까요?

저의 의견은 대한민국의 미래가 점점 어두워질 것이고, 통일은 되긴 될 텐데 영토적 통일이 아닌 다른 형태로 될 것 같고, 사회 갈등은 더 심해질 것이라 생각합니다. 제가 이러한 질문을 한 이유는, 미래를 예측해야 그에 따른 준비를 할 수 있기 때문입니다. 즉 앞으로 미래는 저출산으로 인해 대한민국의 체질과 시스템이 완전히 바뀔 텐데 그때를 대비해서 미리 준비하자는 것입니다. 통계청의 통계지리서비스(SGIS)에서 제공하는 '인구 구조 표'를 볼까요? 인구 구조 표는 과거 인구수와 향후 인구 변동을 고려해 미래 인구수를 예측한 자료입니다.

피라미드 모형	종 모형	역삼각 모형
1980년	2020년	2060년

출처: SGIS 에듀 중학, 인구의 지리적 특성

1980년부터 2060년까지의 변화를 보면 과거 피라미드 모형에서 역삼각 모형으로 바뀌고 있음을 알 수 있습니다. 2060년에는 국민의 절반이 60세 이상이라는 것입니다. 그때의 대한민국 사회는 어떤 모습일지 함께 진지하게 토의해 봅시다. 예를 들어, 대한민국 인구는 몇 명일지, 출산율은 얼마이고, 시골의 모습은 현재와 어떻게 바뀔지, 지역 중소도시의 구도심은 어떻게 되고, 군대는 어떻게 바뀌며, 대학교와 중고등학교는 어떻게 통폐합 되어있을지 등 말이죠.

현장에서 강연할 때마다 저는 '대한민국의 최전성기는 지났다'고 강조합니다. '여러분! 큰일 났어요! 대한민국 탈출하세요!' 정도까지는 아닐지라도, 경각심 정도는 가지고 여러분의 미래를 살펴봐야 하는 시기입니다. 글로벌 증권사인 골드만삭스에서 "2050년 인도네시아가 대한민국 경제를 추월할 것이며, 현재 세계 순위 12위인 한국은 15위권 밖으로 밀려날 것"이라고 경고를 한 데는 다 이유가 있을 테니까요.

경제 위기뿐 아니라 전 세계 가계부채비율 1위, 사회적으로는 OECD 국가 중 자살률 1위, 출산율은 압도적 꼴찌인 상황입니다. 그중에서도 저출산 문제는 특히 심각합니다. 수십~수백조나 되는 저출산 예산은 어디로 갔는지 알 수 없는 상황이고, 문제 해결은커녕 일부 정치인들은 남녀 갈등을 조장해 사태를 악화시키고 있습니다. 결국 근본적인 문제를 해결하지 못하고 골든타임을 놓쳤습니다. 즉, 여러분 시대에는 저출산 해결이 불가능하다는 사실을 받아들이고 어떻게 대한민국을 살아갈지 냉정하게 생각해야 하는 시기입니다. 이 주제를 가지고 부모님과 꼭 대화해 보세요. 수십 년 뒤 미래에 유의미한 직업군은 무엇인지, 학벌은 어떤 의미인지, 혹시 이민 계획은 없는지, 아니면 저출산이 오히려 반전의 희망이 될지 등 긍정과 부정의 시나리오를 두고 심도 있게 논의하기를 바랍니다. 미래는 아무도 모르기 때문에 결국 열린 생각을 갖고 미리 대비하는 수밖에 없습니다.

생각거리 1

저출산과 고령화

"한국과 홍콩의 인구 감소는 매우 심각하다. 한국의 경우 약 90년 뒤에는 인구가
현재의 6% 이하일 거다. 현재의 5,000만 명이 300만 명으로 줄어든다는 거다.
그리고 300만 명 중에서도 60세 이상이 대부분일 거다.
-테슬라 CEO 일론 머스크-

1. 저출산의 원인 토론해 보기

- 연애 및 혼인율 감소 (1996년 43만 건 → 2023년 19만 건)

- 경제적 부담 = 경제 불황 및 양극화 심화, 부동산 상승, 취업률 감소

- 연애 못 하는 사회로 진입: 남녀 갈등, 취업 준비, 다양한 연애 대체가능 활동

- 타인 비교 문화 (지인과 비교하며 이런 집에 살아야 하고, 이런 사람은 만나야 하고 등)

- 전 세계 공통 현상인 '국가보다 개인의 삶 중시하는 문화'로 진입

- 전통적 가족 개념(대가족-핵가족-3인 가구-비혼 가구-1인 가구)의 변화

- 개인의 인식 및 철학 변화 = 개인주의, 비혼주의, 반출산주의 증가

- 반려동물의 증가 = 자녀 대신 반려동물로 대체

- 종교인의 감소 = 신앙심, 교리를 바탕으로 한 자녀 출산 감소

- 국민 평균 소득의 증대 = 돈이 생기니 개인별 자아실현 욕구 증대

- 출산하게 되면 생길 경력 단절 및 고용 불안

- 상향혼을 바라는 심리(나보다 더 나은 직장, 연봉, 키, 집안)의 확대

- 결혼 시기가 늦어지고 있음 = 30대 초중반에 결혼하니 1명 이상 낳기에 부담스러움

2. 저출산의 심각성 인식하기

- 1995년 71.5만 명, 2005년 44만 명, 2023년 23만 명

  = 남녀 2명이 결혼해서 1~2명을 낳는 게 아닌 0.7명 낳음

- 2053년 예상 출산 인구 16만 명, 2083년 예상 11만 명

  = 1995년 71.5만 명에서, 58년 만에 16만 명으로 감소

  = 전체 인구는 2053년 4,000만 명 붕괴, 2063년 3,000만 명 붕괴

  = 2078년 2,000만 명 붕괴, 2099년 1,000만 명 붕괴

  = 대한민국은 다시 '조선시대 또는 6.25 시기'로 돌아감

3. 저출산과 고령화가 심화되면 생기는 사회문제 생각해 보기

1) 국방이 무너진다

- 현역 군인 필요 인원은 20만 명 이상. 현재 남자 인구 25만 명 중 90% 이상이 징집되어가는 중

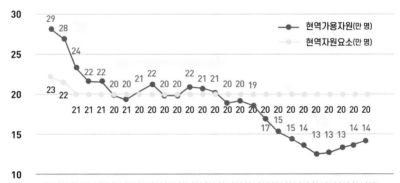

출처: 안석기 한국국방연구원(KIDA) 연구위원, 「20살 남성 인구 및 현역가용자원 변화」

- 20년 전과 비교하면 건강 때문에 공익으로 갈 사람들도 지금은 현역으로 복무하는 중

- 2035년부터는 군복무 가능 인원이 20만 명 이하로 떨어짐

- 북한 입장에서 40만 명이던 군인이 15만 명으로 줄어든다면 어떻게 생각할까?

- 그래서 여성 징병제 도입, 월급 주는 모병제, 미군 주둔 강화 이야기가 나오는 것

- 모병제와 무기 현대화를 이룰 예산이 충분한가? 그러려면 세금을 많이 걷어야 하는데 국민은 찬성할까?

- 비싼 미사일은 한 발에 수십억 원, 군대 전체를 첨단기계화로 바꾸는 비용은 수백조 원인데 가능할까?

- 현재 낮은 급여와 열악한 복지로 부사관과 장교 지원율이 확 떨어진 상황이다. 어떻게 해결할 수 있을까?

- 일반병사에게 월급을 200만 원 주면 직업군인은 400만~600만 원 줘야 하는데, 줄 수 있을까?

- 미군 주둔 vs 철수 관련해서 맨날 정치인들이 싸우는데 왜 싸울까? 이상과 현실은?

- 여성 징병은 지금처럼 남녀 갈등이 많은 상황에서 가능할까?

- '국방세'라는 이름으로 세금을 걷으면 과연 순순히 낼 수 있을까?

- 군 복무기간 6개월~1년 연장, 공익제도 폐지, 예비군 기간 연장이 과연 될까?

2) 교육이 변화한다

- 10명이던 인재가 4명으로 줄어들며 국가 경쟁력 악화로 연결

  ex) 프로 스포츠, 연예계 등 인재 수급 비상

  = 엘리트 중심에서 생활체육 및 레저 형식으로 변화

  = 중장기적으로 올림픽, 아시안게임, 월드컵 순위가 조금씩 낮아질 것

- 교육 관련 산업의 몰락

  = 지방 입시학원, 급식 재료 납품 사업, 교복, 문구, 출판 등 감소

- 저출산으로 인한 학생 감소로 교사 채용도 중단됨

- 학교의 역할은 점점 인성교육, 보육기관으로 변화, 특히, 맞벌이 부부의 자녀를 돌보는 데 집중

- 전통적 과목에서 스팀STEAM 융합 교육, 창업 교육, 미래 교육, 진로 교육 등으로 변화 가속화
- 교육개혁이 시작되어 전통적 과목이 축소되며, 실용 중심의 커리큘럼으로 변화할 것
- 교육청의 예산에 대한 삭감 논의가 진행되며 사회적 진통이 예상됨
- 진학만큼 진로가 중시되는 사회로 진입할 것
- 대부분의 대학 입학이 쉬워지고, 지방 대학은 통폐합되어 지역에서 사라질 것
- 단, 의치한, 명문대와 일부 인서울 대학은 더욱 프리미엄화될 것
- 각종 전문 직군의 권위가 낮아지며 점점 대중화됨
- 단체 스포츠에서 개인 스포츠로 인기가 변화
  ex) 구기 운동 인기 감소와 e스포츠의 올림픽화

3) 사회가 무너진다

- 국가에 돈이 부족해서 국민연금, 노령연금 등 사회 보장 기금의 고갈 속도가 빨라짐
- 노인 인구의 증가로 병원 갈 일은 늘어나고 건강보험료는 지속 인상될 것
- 특히, 건보 재정 악화로 국민 개인의 의료비가 대폭 증가하게 될 것
- 해외 다른 국가들처럼 의료 민영화 논의도 더욱 활발해질 것
- 돈 많은 사람과 돈 없는 사람 간의 의료 시설 이용 및 혜택 차이가 더욱 심해질 것
- 이민자 수용으로 인해 사회 갈등이 심해질 것(이슬람, 조선족 vs 토종 한국 사람)
- 남녀 갈등으로 연애 기피 지속, 국제결혼 증가 및 해외 이민 증가
- 사회의 활력이 떨어지고 문화가 변화함

  = 확장 아닌 축소, 성장 아닌 감소, 소비 아닌 절약, 도전 아닌 안주, 해외보다 국내 여행으로 트렌드 바뀜
- 유튜브 및 방송국의 고령화 타깃 심화
- 세금으로 유지·보수 중인 사회 인프라의 노후화 및 폐쇄

  = 공항, 도로, 박물관, 잔디 등
- 국민연금 개혁 관련 사회적 갈등 심화 예정
- 국가 재정 악화로 노인복지 축소 논의가 필요하지만, 진통 예정

4) 경제가 어려워진다

- 국가의 예산과 지출을 줄이기 위해 공공기관, 공무원 채용의 감소

  =인공지능 발달 영향도 있음, 기존 단순 업무 자동화·간소화 시스템 도입 예정

- 기업의 경력직, 전문직, 멀티 인재 선호 현상이 더욱 심화함

- 소비가 줄어들자, 내수경제가 감소하고 이를 타개하고자 수출에 힘을 쏟는 기업 증가

- 국가는 반도체, 자동차 등 수출 대기업에 의지하며 편중된 산업에 의지하게 됨

- 온 가정이 일본처럼 절약, 축소, 간소화 분위기로 바뀔 예정

  ex) 제사 축소, 명절 축소, 저렴한 제품 선호 등

- 일자리 부족으로 청년층의 해외 탈출화 심화, 특히 이공계 인력 탈출 문제 심화

- 청년층의 해외 탈출 이후 남은 국내시장을 이민자와 고령자가 대체하기 시작

- 자동화와 로봇화는 이익률도 좋지만, 일할 사람이 없기 때문에 필수가 될 것

- 경제가 어려워 전 국민 기본소득이 수십 년 뒤에 보편화될 것

- 소득이 적으니, 결혼을 망설이며 혼인율·출산율이 감소하는 악순환이 계속됨

- 부자와 청년세대의 한국 탈출이 가속화됨 (유럽, 영어권, 동남아)

5) 지방과 농어촌이 소멸한다

- 지방 사람들이 일자리를 찾아 수도권으로 떠나면서 지방은 더 늙어감
  (현재 수도권 인구 2,598만 명 vs 나머지 지역 총합 2,564만 명)

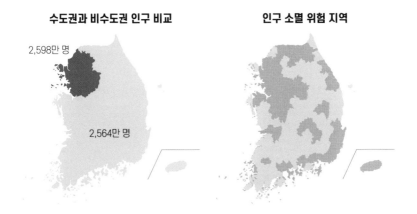

수도권과 비수도권 인구 비교   인구 소멸 위험 지역

2,598만 명

2,564만 명

- 농사지을 사람이 줄어들어 국가적인 식량안보에 문제가 생기기 시작
- 지방 및 지자체 통폐합 예정
- 군 단위 및 시 단위도 통폐합 시작
- 수십 년간 지속된 지방자치제도에 대한 본격적 수정 논의 시작
- 지방의 치안이 붕괴하고 슬럼화 시작
- 다문화, 다인종으로 인한 '문화 역전 현상' 팽배와 국적 갈등 심화
- 지방에 공장을 두는 회사들의 구인난 심화로 '메이드 인 코리아' 경쟁력 악화
- 지역 내 젊은 층의 감소로 국제결혼 증가
- 수도권과 지방의 예산 배분 갈등, 지역 갈등 심화
- 결국 '메가시티'로 도시가 변함

  ex) 대전의 확장, 서울의 확장 등
- 파프리카, 딸기 같은 특용작물 외에 벼농사 같은 저소득 농사는 심각한 감소 예정

6) 세금 증가 시대로 본격 진입

- 미혼자, 딩크족으로부터 독신세(무자녀세) 도입 논의
- 국민으로부터 국방세 도입 논의
- 기업으로부터 로봇세 도입 논의
- 반려동물 주인에게 반려동물 보유세 도입 논의
- 부가가치세 10%에서 12%로 인상 논의
- 국민연금 부과 증가 논의 (현재 9%에서 15% 이상으로 증가 논의)
- 건강보험료 지속 증가 예정
- 국민 건강을 목적으로 설탕세, 비만세, 담뱃세, 주류세 등 도입 가능
- 전국 빈집 방치 세금 부여 논의
- 상속세·증여세 감소 및 폐지 논의 과정에서 진통이 상당할 것
- 신재생 에너지(태양광, 풍력) 비율 증가로 인해 높아진 전기세를 개인과 기업이 대폭 부담 예정(원전, 석탄, LNG, 태양광, 풍력에너지 등 전기 생산 단가 차이 찾아보기)

4. 저출산 문제는 어떻게 해결할 수 있을까?

- 출산율 반등의 골든타임은 이미 지난 상황이지만 노력은 계속해야 함
- 육아 휴직의 적극 지원(급여, 휴가, 안정성) 필요
- 출산수당 간접 지원율을 줄이고, 부부에게 직접 지원해 주는 비율을 늘리기
- 출산수당을 획기적으로 올리기
  ex) 아이 1명당 5,000만 원 지원
- 가임기 부부, 난임 부부에 대한 적극적 금전 지원이 필요
- 미혼모, 미혼부 적극 지원 = 사회적 시선이 바뀌어야 하고 실질적 지원이 증가해야 함
- 동거와 사실혼에 대한 부정적 사회 인식 없애기
- 해외 인재, 기술직, 노동자들의 이민을 통한 해결 = 이민청 제도의 철저한 점검 필요
- 안정적 주거 환경 지원

  = 부동산 시장 제도 개편 필요

  = 임대주택 대폭 지원, 청약 우선순위 부여

5. 저출산 문제, 이민자 정책이 답일까?

1) 이민자를 받으려는 이유
- 이민자의 귀화를 통한 근본적 저출산 해결: 유럽, 미국, 캐나다 등의 방식
- 전 세계적인 다문화 사회 진입: 대한민국분 아니라 전 세계가 단일민족 감소 중
- 소비 인력 향상: 이민자가 소비하면 그것이 경제 활성화로 이어짐
- 구인난 심화: 우리 대신 세금을 내주고, 일해 줄 생산가능 인구 필요, 한국의 젊은 층이 기피하는 직종에서 심각한 구인난 지속
- 국가 교류 확대: 해외무역, 문화 교류의 시작점이 될 수 있음

2) 이민자를 받았을 때 문제점

이민자를 받았음에도 저출산이 지속된다면?

- 한국에 온 이민자들도 저출산 현상이 똑같이 나타나고 있음

- 이슬람 제외한 다른 이민자들의 출산율은 한국인보다 약간 높은 수준

이민자의 소비 증대는 한계가 있음

- 애초에 고소득 직종이 아닌 저소득 직종이 이민을 오고 있음

- 수입의 대부분을 본국의 가족들에게 보내는 상황

- 정착하려다가 단기로 바짝 돈 벌고, 본국으로 돌아가는 상황 발생

- 그럼에도, 대한민국은 매우 높은 '최저임금'으로 인해 외국인들의 이민 희망 최상급 국가임

종교 및 문화 갈등으로 인한 사회문제 발생

- 유럽과 미국의 상황을 보면 이민자와의 종교 및 문화 갈등이 범죄로 연결되고 있음

이민자가 한국 사회·문화에 적응하는 데 2세대 이상 즉, 60년 이상이 필요한 상황

- 한국 문화(언어, 음식, 교육, 근로, 생각 방식 등) 적응에 시간이 오래 걸림

- 한국어는 배우기 어려운 언어에 속함

이민자에 대한 편견과 선입견이 존재하며, 갈등이 더 심해질 예정

- 한국은 단일민족으로 수천 년을 살아와서 다문화 사회에 이질적 감정이 존재함

- 한국 사회뿐 아니라 전 세계 어딜 가도 인종에 대한 차별과 편견, 이질감은 존재함

4차 산업과 바뀌는 미래

첨단무기, 사물인터넷, 3D 프린터, 가상현실, 로봇, 인공지능(AI), 스마트디바이스, 스마트그리드, 5G 통신장비, 시스템반도체, OLED/LED, 친환경 차, 스마트카, 자율주행차, 이차전지, ESS, 에너지신사업(태양광, 풍력 등), 빅데이터, 클라우드컴퓨팅, 전자결제, 의료 기기, 바이오, 고령화, 저출산, 1인 가구, 뷰티, 드론, 항공, 우주, 식량, 탄소배출, 영화, 음악, 게임, 엔터, 식량 등

　　여러분이 보기에 우리나라는 4차 산업 준비가 잘되어 있을 것 같나요? 아니면 준비가 미흡할 것 같나요? 정답을 알려 드리자면 한국은 세계 최고 수준으로 준비가 잘되어 있습니다. 가끔 학생들이 "중국은 인공지능이 뛰어나고, 일본은 로봇이 우수하고, 미국과 독일은 대부분 앞서 나가고 있는데, 한국은 뭐가 잘되고 있는데요?"라고 질문합니다. 그때마다 저는 앞서 언급한 모든 분야에서 한국은 이미 수준급으로 잘하고 있고, 그 외에도 원전산업, 이차전지, 반도체, 풍력, 전기차, 수소차, 국방, 5G 등이 세계적인 수준이라고 말합니다. 즉 1등이 아닐 뿐이지 '1티어 그룹'은 맞는 것이죠. 그러니 충분히 '국뽕'을 가져도 좋고, 자랑스럽게 여겨도 좋고, 관련 분야의 공부와 취업 준비를 열심히 해도 좋습니다.

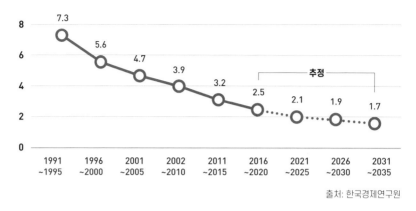

한국 잠재성장률 추이

추정

7.3 · 5.6 · 4.7 · 3.9 · 3.2 · 2.5 · 2.1 · 1.9 · 1.7

1991
~1995 / 1996
~2000 / 2001
~2005 / 2002
~2010 / 2011
~2015 / 2016
~2020 / 2021
~2025 / 2026
~2030 / 2031
~2035

출처: 한국경제연구원

그러나 4차 산업 준비가 잘되어 있을지라도 이것이 여러분의 취업과 100% 연결되는 건 아닙니다. 왜냐하면 4차 산업은 과거에 한국을 먹여 살린 제조업, 중공업, 건설 분야만큼 사람을 많이 채용하지 않기 때문입니다. 즉, '신산업 준비는 잘되고 있지만 예전만큼 채용이 폭발적으로 늘지는 않는다'라고 이해하면 됩니다. 그렇다면 여러분의 취업이 잘 되려면 어떻게 해야 할까요? 바로 기업의 채용 트렌드, 미래 산업을 공부해야 합니다. 세상이 바뀌는 지금, 기업들은 과거와 달리 성적 우수자를 뽑는 게 아니라, 바로 실무에 투입될 능력자, 멀티 인재(2~3가지 동시 수행 가능), 일머리와 창의성이 뛰어난 사람, 동료와 원만히 잘 지낼 사회성을 지닌 사람 등의 인재를 뽑고 있습니다. 여러분이 할 일은 기업들이 서로 뽑아 가려는 인재의 공통적 진로 역량을 보유하는 것, 그리고 뜨는 산업들과 미래에도 살아남을 영역을 공부하는 것입니다. 그러려면 미래에 뭐가 살아남을지 계속 고민해야 하고, 미래 기술에 관한 공부를 해야겠지요? 생각해 보면 좋을 법한 질문들을 선별해 놓았으니 가족, 친구들과 재미있게 토론해 보기를 바랍니다.

미래 기술에 관한 질문들

1) 이마트, 홈플러스, 쿠팡, 네이버, 다이소, 올리브영, 알리 익스프레스, 테무, 아마존 중에서, 20년 뒤에도 살아남을 TOP3는 어디일까?

2) 앞으로도 유망할 '원전, 방위산업, 조선업, 엔터, 화장품, 자동차, 반도체, 제약·바이오' 분야의 대표적인 회사는 어디일까? 원하는 분야의 대표 회사를 3곳 찾아보고, 그곳에 취업하려면 뭘 준비해야 하는지 알아보자.

   ex) 원전=비에이치아이, 한국전력기술, 두산에너빌리티

3) 전 세계가 내연기관차를 없애고 전기차로 바꾸면, 부족한 전력은 어떻게 해결해야 할까? 또한 아프리카, 인도 같은 곳은 전기차를 사용할 환경이 될까?

4) 물 부족, 사막화, 미세먼지, 온난화, 기후변화 등 문제를 4차 산업 기술로 어떻게 해결해야 할까?

   ex) 물 부족은 해수 담수화 사업으로 해결한다.

5) 우주와 심해 중 어디에 투자를 더 해야 할까?

6) 3D 프린터가 활성화되어서 불법 총기류를 만들면 어떻게 될까? 그걸 막기 위한 방법이 있을까?

7) 전기차 베터리의 1회 충전량과 완충되는 속도가 현재보다 2배가 되려면 몇 년이 필요할까? 또, 차량 자율주행이 완벽한 수준까지 올라오려면 몇 년이 필요할까?

미션

1) 유튜브에서 황준원 작가 '미래채널 MyF'의 영상 5개 이상 시청하기

2) '챗GPT'로 블로그 및 유튜브 쇼츠 쉽게 만드는 영상 찾아보고, 내 블로그와 유튜브에 각 3개씩 만들어 올리기

3) 유튜브 '윤대표의 따뜻한 진로상담소'에서 'AI 툴' 관련 영상 3개 찾아보고 따라 하기

4) 테무, 알리바바, 아마존에서 물건 직접 구입해 보며 장단점 느껴보기

10대의 대입과 취업은 어떻게 될까?

결론부터 말하면 여러분의 대입은 점점 편해질 것입니다. 인구가 워낙 줄어들다 보니 최상위권인 의치한과 스카이(서울대, 고려대, 연세대)를 제외하고는 대부분 대학의 입학이 예전보다 쉬워질 거예요. 지금도 대학의 통폐합 속도보다 인구 감소 추세가 더 빨라서 입학이 점점 쉬워지는 중이에요. 또한 대입과 마찬가지로 여러분의 취업도 쉬워질 거예요. 노인 인구 증가와 저출산으로 인해 앞으로 일할 사람이 부족해서 전반적으로 일자리를 구하는 게 더 쉬워지는 거예요. 다음 인구 구조표를 보면 더 쉽게 이해할 수 있습니다. 2020년대의 네모 박스의 특정 인구(현재의 4060세대)가 매우 두텁죠?

출처: SGIS 에듀 중학, 인구의 지리적 특성

바로, 이 세대가 은퇴를 하면 그 자리를 대체할 '대규모 구인'이 필요하기에 여러분의 취업이 편해지는 겁니다. 즉, 지금 여러분의 선배들은 운이 안 좋아서 취업이 매우 힘든 시기를 지나가고 있는데, 여러분이 대학을 졸업할 때쯤부터는 조금씩 숨통이 트여서 나중에는 편하게 회사를 골라 갈 확률이 높습니다.

일할 사람이 줄고 있다

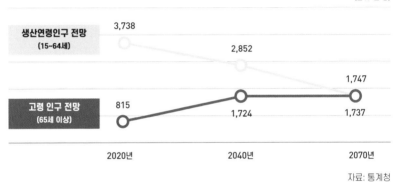

(단위: 만 명)

	2020년	2040년	2070년
생산연령인구 전망 (15~64세)	3,738	2,852	1,747
고령 인구 전망 (65세 이상)	815	1,724	1,737

자료: 통계청

하지만 만일 '내가 취업할 때는 경쟁률이 높지 않을 테니까~'라거나 '어차피 일할 사람 부족하니 골라 갈 수 있겠지'라는 마음으로 취업 준비를 소홀히 한다면 여러분은 성장 없는 사람이 되어서 로봇과 인공지능에 대체되는 1순위가 될 겁니다. 그러니 미래의 긍정성은 보험으로 품어두고, 진로 역량을 기르려 계속 노력하기를 바랍니다. 그리고 가능하면 취업 준비를 미리 하기 바랍니다. 기업이 어떤 능력과 조건을 가진 사람들을 선호하는지 취업에 성공한 선배를 만나 실제 이야기를 들어보거나, 미리 입사지원서를 써보는 것도 좋은 방법입니다.

참고로, 현재의 취업 시장은 과거(현재 30대 이상 선배들이 취업했던 시기)와 완전히 달라진 상황입니다. 블라인드 이력 및 면접 시스템의 도입으로 대학교명을 기재하지 못하게 되어 있어 능력 중심의 채용 시스템으로 완전히 바뀌었습니다. 또한, 정규 공채가 대부분 중단을 한 상태이고 필요할 때만 뽑는 상시 채용이 점점 확대되고 있습니다. 그 와중에 신입을 뽑는 곳도 전문직 자격을 가진 신입이나 해당 경력이 많은 신입을 뽑고 있으니 그러한 채용 트렌드도 정확히 꿰뚫고 있어야 합니다. '아니? 신입이 어디서 경력을 쌓아요?'라고 할 수도 있지만, 현실이 이러하니 각종 인턴 경험, 해외 경험, 현장 실습, 중소기업 재직 이후 대기업으로 이직 등 전략을 가지고 취업 준비를 해야 합니다.

미리 보는 취업프로세스

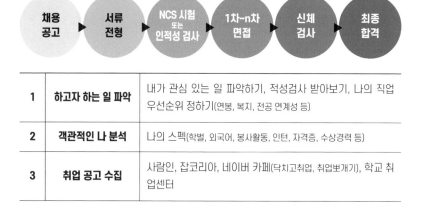

1	하고자 하는 일 파악	내가 관심 있는 일 파악하기, 적성검사 받아보기, 나의 직업 우선순위 정하기(연봉, 복지, 전공 연계성 등)
2	객관적인 나 분석	나의 스펙(학별, 외국어, 봉사활동, 인턴, 자격증, 수상경력 등)
3	취업 공고 수집	사람인, 잡코리아, 네이버 카페(닥치고취업, 취업뽀개기), 학교 취업센터

4	**이력서 및 자기소개서 작성**	사진 찍기(단정한 느낌)
		성장 과정 및 학창 시절
		성격 및 생활 철학
		입사 지원동기 및 포부
5	**공기업: NCS 시험, 사기업: 인적성 검사**	문제집 구매 후 공부(삼성, 현대, 한화, 수자원공사 등)
6	**면접**	예상 질문 작성, 목소리·말투 연습, 깔끔한 복장
		면접 4종 숙지(경험 면접, 상황 면접, 발표 면접, 토론 면접)

그런 측면에서 이번 챕터가 끝나면 부모님, 친구와 함께 NCS 기반 공기업 입사지원서를 작성해 보며 내가 뭘 준비해야 하는지 체크해보기를 바랍니다. 또한, 나의 관심 분야의 기업에 재직하고 있는 선배들의 인터뷰와 취업 후기를 5개 이상 찾아보며 현실 기반으로 취업 준비를 미리 해보기를 바랍니다. 이렇게 딱 한 번만 남들보다 미리 해보면 인생이 달라질 수 있어요.

 미션

1) 사람인, 잡코리아에서 내가 관심 있는 분야에 어떤 회사들이 있는지 검색해 보기

　　ex) 뷰티, 유튜브, 의사, 간호사, 변호사, 심리학, 영문학 등 검색

2) 들어가고 싶은 기업의 입사지원서에 가상 스펙 작성하기

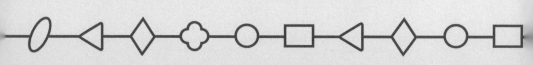

두 번째
공부,

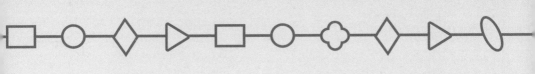

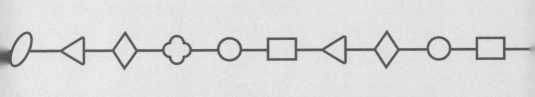

진로를 설정하는 5가지 방법

진로 강의에서 "진로는 발견이 10%, 만들어가는 게 90%입니다"라고 말씀드리면 학부모님들이 많이 아쉬워하는 모습을 종종 보게 됩니다. 아마도 제 강의를 한 번 듣거나 아이들을 잘 관찰하는 것만으로도 아이의 특성이 '딱!' 보일 것이라고 기대했기 때문일 것입니다. 하지만 솔직히 말해서, 타고난 재능이 명확하게 드러나는 경우는 주로 최상위권 영재들에게만 해당합니다. 대부분의 학생들은 자신이 가진 평범한 재능을 교육, 훈련, 그리고 투자를 통해 꾸준히 발전시키며 최상위권과의 격차를 좁혀가는 과정을 거치게 되는 것입니다. 그렇기에 우리는 진로를 설정하고 만들어 가는 법을 공부해야 합니다. 지금부터 5가지 진로 설정법에 따라 여러분의 진로를 함께 발견하고, 잘 디자인해 나가면 좋겠습니다.

첫째, 성적을 중심으로 진로 설정

다음 표는 여러분이 학교 공부를 잘하면 입사할 수 있는 대표적인 취업 선택지입니다. 세상이 공부를 얼마나 '중시'하는지 느껴보면서 '공부를 잘하면 이런 일을 할 가능성이 높아지는구나!'를 이해하면 됩니다. 여러분이 하고 싶은 일이나 가고 싶은 회사가 있다면 형광펜으로 '쓱쓱' 표시하며 읽어보세요.

1	의사, 변호사, 판사, 검사, 한의사, 약사, 명문대 정교수, 고시(행정고시, 외무고시 등), 벤처 창업 CEO, 수의사, 회계사, 변리사
2	정부 기관 연구원, 금융감독원, 한국은행, 수출입은행, 산업은행, 네이버, 카카오, 10대 대기업(현대차, LG전자 등), 마사회, 한국관광공사, 신용보증기금, 전력거래소, EBS, 국정원, 펀드매니저, 애널리스트, 외교관, 대학교 교수, 방송국 PD, 행정고시 5급 이상, 초중고 교사
3	삼성전자 등 50대 대기업, 외국계 기업, 경찰대 출신 간부, 중앙부처 7급 공무원(검찰청, 국세청, 국가정보원, 감사원 등), 사관학교 출신 장교(공군사관학교, 해군사관학교, 육군사관학교, 간호사관학교), 공립 중고교 교사, 도선사, 항공기 기장, 감정평가사, 관세사, 세무사, 법무사, 공인노무사, 한국전력공사, 한국가스공사, 한국석유공사, 한국토지주택공사, 한국도로공사, 대한무역투자진흥공사(KOTRA), 한국자산관리공사(KAMCO), KBS·SBS 등 방송국, 은행권(NH농협은행, 신한은행, KB국민은행, 우리은행, 토스뱅크, 카카오뱅크), 국민연금공단, 한국철도공사(코레일), 서울교통공사 등 지하철 공사, 한국국제협력단(KOICA), 건강보험공단, 강원랜드, 한국토지주택공사(LH), 아나운서, 중앙 일간지 기자, 한국거래소, 예금결제원, 한국마사회, 5성급 호텔 셰프, 항공 승무원, 항해사, 사립학교 교사, 경찰직, 소방직, 교정직, 9급 국가직·지방직 공무원, 지방 공기업, 대기업 생산직(정유사, 자동차, 전기·전자 등), 50대 기업 및 주요 계열사, 군무원, 중견기업 행정직(웅진, 코오롱, 효성, 에코프로 등 코스닥 상장사), 정규직 간호사, 도서관 사서 등

자, 이번에는 다양한 분야에서 시장 변화를 주도한 스타트업 창업자들의 스펙을 한 번 살펴볼게요.

회사명	창업자	출신대학/전공
와디즈	신해성	한양대학교 경제학과
토스	이승건	서울대학교 치의학과
직방	안성우	서울대학교 통계학과
크래프톤	장병규	KAIST 전산학과
쿠팡	김범석	하버드대학교 정치학과
밀리의서재	서영택	서울대학교 컴퓨터공학과
쏘카	박재욱	서울대학교 전기정보공학부
뱅크샐러드	김태훈	서강대학교 경영학과
마켓컬리	김슬아	웰즐리대학교 정치학과
두나무	이석우	서울대학교 동양사학과
오늘의집	이승재	서울대학교 화학생물공학부
당근마켓	김용현	서울대학교 경제학부

　　공부를 잘하면 창업에도 유리한 것이 현실입니다. 수억 원의 창업 지원금이나 수십억 원의 투자를 받는 스타트업들 역시 대부분 대졸자들이 설립한 회사입니다. 이는 대졸자들이 연구 능력이나 기술력이 더 우수한 경우가 많고, 같은 학교 선배들이 인맥으로 투자해 주기도 하며, 투자자들이 '학벌'을 보고 투자 결정을 내리기 때문입니다.

　　물론 '고졸 창업도 있지 않냐'라고 반문할 수도 있습니다. 그것도 일부는 맞지만, 가맹점과 같은 자영업 창업을 제외하면 기술 창업, 벤처 창업, 혁신 창업은 대부분 대졸자가 주도하고 있습니다. 따라서 '공부를 잘하면 취업과 창업 면에서 유리하다'라는 점만 담백하게 인식하고 넘어가면 되겠습니다.

둘째, 수학적 흥미를 중심으로 진로 설정

4차 산업의 세계는 '수학'을 잘하느냐 못하느냐에 따라 진입 장벽이 명확하게 세워져 있습니다. 즉, 수학을 잘하면 최상위권 대학에 갈 수 있고, 반면, 아무리 다른 것을 잘해도 수학을 못하면 합격이 어려운 것이지요. 또한, 혹여나 어렵게 들어간다 한들 지속하거나 버티기가 매우 어렵습니다. 그만큼 수학을 잘하는 것이 미래 사회에서 좋은 직업을 갖는 데 매우 유리한 것이지요.

그러니 여러분은 싫든 좋든 수학을 잘하고 좋아하려 노력해야 합니다. 여기서 수학을 잘하라는 것은 1등이나 1등급처럼 하라는 것이 아닙니다. 또, 수학자처럼 수학을 파고들라는 말도 아닙니다. 어느 정도 이상의 수학 실력을 갖추고, 이공계에 필요한 수준만 하면 됩니다. 어차피 세상은 평균 이상만 되면 어디에서든 먹고 살 수 있게 프로그래밍되어 있는 공간이니까요.

　진로 컨설팅을 하다 보면 "저는 수학 성적이 애매한 것 같아요", "수학을 잘하지도 않고 못하지도 않아요, 딱 중간이에요" 이런 질문을 많이 받습니다. 그럴 때는 이공계 중에서도 수학을 '덜 필요'로 하는 분야가 있으니 그런 전공을 찾아서 전략적으로 이공계를 가는 것도 좋다고 말하고 있습니다. 가령, '지질학(지구과학)'에서도 암석 공학, 지질공학은 수학의 관여도가 매우 높으나 광산지질학, 고생물학, 석유 지질학 등은 수학 관여도가 생각보다 깊지 않습니다. 또한, 게임업계도 수학이 필요한 분야가 있고, 필요 없는 분야가 있으며, 농업 분야, 화학, 물리 분야도 수학의 필요 능력이 세부 전공마다 다릅니다. 그러니, 나의 수학 수준과 잘 맞는 전공을 찾아 가면 충분히 미래에도 취업이 잘 될 확률이 높아지니 잘 한번 알아보면 좋겠습니다. 꿀팁이지요?

　그럼에도, 본인이 정~말 수학 머리가 없다고 생각된다면 빨리 다른 길을 찾는 것이 좋습니다. 괜히 오래 붙잡고 있다가는 시간 낭비가 될 수 있으니까요. 예를 들어, 어떤 어른들은 "IT업계에서 수학을 못해도 괜찮다, 수학보다 논리적 사고가 더 중요하다, 정답을 맞히는 수학은 못하더라도 수학적 개념만 이해하면 충분히 코딩 잘할 수 있으니 괜찮다"라고 계속 수학을 시키는데요, 그것도 일정 부분은 맞습니다. 하지만 현실적으로 수학머리가 보통이 안 된다면 언젠가는 한계에 직면할 것이고, 그러다 애매한 시기에 포기하게 되는 것이 대부분입니다. 또한 해당 업계에서도 높은 연봉을 못 받는 것도 현실이고, 맞지 않는 업무 때문에 스트레스가 엄청나게 큰 것도 사실입니다. 그러므로 우리가 할 일은 내가 수학을 잘하는지, 좋아하는지, 또 내가 수학을 더 잘하려는 의지가 있는지, 내 수학 머리의 한계는 얼마일지를 객관적으로 체크해 보는 것입니다. 그래서 '아~ 나는 수학이랑 안 맞네?' 싶으면 다른 쪽으로 진로 설정을 하면 됩니다.

저는 어쨌든 여러분이 되도록 수학을 포기하지 않기를 바라며, 수학을 최대한 사랑하려 노력하면 좋겠습니다. 솔직히, 1등급을 받는 것은 어렵지만 2, 3, 4등급은 노력하면 달성할 수 있는 목표이기 때문입니다. 실제로 노력을 통해 수학 등급을 올린 경우를 많이 봐왔습니다. 그러니, 공부하기는 힘들어도, 이공계를 선택하면 다른 전공보다는 취업 안정성이나 기회 면에서 더 나은 상황이니, 수학을 포기하지 않기를 바랍니다. 꼭 말해주고 싶은 건 이공계만 들어가면 그 안에서는 인서울이든, 국립대든 비슷한 평가를 받으며 오히려 개인 전공 능력을 중점적으로 본다는 사실을 꼭 기억하기를 바랍니다.

 미션

1) 영화 감상: 〈이상한 나라의 수학자〉, 〈굿 윌 헌팅〉, 〈히든 피겨스〉, 〈소셜 네트워크〉, 〈레디 플레이어 원〉
2) 유튜브 영상 감상: 이상한 길잡이 <대학교 때 이걸 몰라서 시간 버렸다. 공대생들 졸업 후 진로 9가지>

셋째, 내 관심사를 중심으로 진로 설정

1) 나의 평소 관심사 찾기

내가 유튜브에 자주 검색하는 단어, 자주 보는 유튜브 구독 채널, 친구와 대화하는 소재는 무엇인지 찾아보는 겁니다. 아이돌, 메이크업, 패션, 스포츠, 게임, 쇼츠, 먹방, 웃긴 영상 등이 많을 텐데요, 이를 중심으로 진로를 설정하면 됩니다. 실제로 선배 중에 연예인을 좋아해서 연예기획사에 취업한 사람도 있고, 패션을 좋아해서 디자인을 전공한 선배도 있습니다. 또한 메이크업 전문가가 되거나, 나만의 쇼핑몰을 창업한 선배도 있습니다.

2) 주변 사람에게 질문하기

부모님이나 선생님, 선배에게 '나의 관심사'에 대해 이야기하고 질문해 보세요. "엄마, 나는 사람들과 만나는 게 좋은데 어떤 일을 하는 게 잘 맞을까?", "선배님, 이쪽 일 해보시니까 솔직히 어떠세요?" 등 질문을 하면 생각지 못했던 좋은 정보를 얻을 수 있습니다. 대화와 질문은 모든 것의 출발점이니 꼭 해보세요.

3) 직업과 연결하기

사람인, 알바몬 홈페이지에 들어가서 관심 있는 분야를 찾아 보세요. 아래 그림은 취업사이트에 여러분이 관심 있을 만한 단어를 검색해 본 예시입니다.

Q 쇼츠 검색		Q 청소년 검색		Q 이공계 검색	
서비스업	호텔, 여행, 항공	외식업, 음료	웨딩, 장례, 이벤트	뷰티, 미용	경비, 시설관리	레저, 스포츠, 여가
의료제약 복지	보건	바이오	사회복지	진료 과목별	복지법인	제약
제조화학	전기, 전자	석유화학, 에너지	반도체 광학	섬유 의류, 패션	환경	농업, 광업, 어업, 임업
판매/ 유통	운송	물류	유통	무역	영업	고객 응대
IT/웹/ 통신	쇼핑몰, 오픈마켓	보안, 백신	콘텐츠	하드웨어, 장비	네트워크, 통신	코딩
건설업	건설, 건축, 토목	실내 인테리어	조경	환경	설비	부동산임대
교육업	초, 중, 고, 대	어린이집, 유치원	교재, 학습지	입시학원	어학원	전문 기능학원
미디어/ 디자인	신문, 잡지, 언론	방송국, 케이블	연예, 엔터 테인먼트	영화, 공연, 음악	출판, 사진	인쇄업
은행/ 금융	은행, 저축은행	대출, 캐피탈	증권사	보험	카드사	투자자문
기관/ 협회	공공기관, 공기업	협회, 단체	법률, 법무	특허	세무회계	연구소, 컨설팅

　관심 단어를 기재하면 관련 회사가 주르륵 검색될 텐데요. 그럼, 그 회사들을 클릭해서, 여러분의 선배들은 무슨 일을 하는지, 그 일들을 내가 할 수 있을지 한번 생각해 보세요. '아, 쇼츠 만드는 회사는 이런 사람을 필요로 하고, 이렇게 만드는구나', '패션 회사는 이런 사람을 필요

로 하는구나!', '이 정도 동영상 편집은 나도 할 수 있겠는데?' 등 이렇게 실제 회사를 찾아보면, 의외로 여러분도 할 수 있는 일이 많음을 발견할 거예요. '뭐야? 이 정도 수준이면, 나 이쪽으로 진로 설정해도 되겠는데?'라는 생각이 든다면, 그쪽을 향해 꾸준히 걸어가면 됩니다.

4) 빈살만 놀이 해보기

사우디에는 재산이 천조 원대가 넘는다는 빈살만 왕세자가 있습니다. 그의 이름에서 따온 '빈살만 놀이'를 해보며 내가 좋아하는 일을 찾아봅시다. 즉, 돈이 많다는 전제하에 내가 하기 싫은 일은 안 하고, 내가 진짜로 하고 싶은 게 뭔지 탐구하고 설정하는 거예요. 일종의 돈이 아닌 가슴이 시키는 일을 찾아보는 겁니다.

내가 빈살만이라면?

만약 빈살만처럼 돈이 엄청 많다면 어떤 일을 하고 싶나요? 그 일을 할 수 있는 직업은 어떤 게 있을까요?

- 어려운 사람 돕고 싶다 → 사회적 기업 창업, 복지단체 취업, 인권 변호사 되기
- 여행하고 싶다 → 드론 영상 전문가, 여행 회사, 유학원 창업
- 연예인 만나고 싶다 → 연예인 매니저 되기, 방송국 취업, 기획사 취업, 특수 분장 회사 취업
- 하루 종일 유튜브 시청하고 싶다 → 유튜브 크리에이터, 영상 편집자
- 반려동물이랑 놀고 싶다 → 동물 훈련 전문가, 동물 관련 사회단체 설립
- 시골에서 일하며 살고 싶다 → 스마트팜 창업, 펜션 주인

5) 내 관심사를 더 넓은 범위로 확장 시켜보기

＊5-5-5의 법칙 적용하기

5-5-5의 법칙은 관심 있는 분야에서 전문 서적 5권을 읽고, 전문가 5명을 만나고, 유튜브 5개 채널을 시청하는 것입니다. 추가로 관련 커뮤니티에 가입해서 질문하고 진로를 상담받는 것도 좋습니다.

예를 들어, 내가 미용에 관심이 있다고 가정해 볼게요. 그렇다면 이렇게 해보는 거예요.

5권의 책	미용 관련 책
5명의 사람	잘되는 미용실 원장님, 미용실 폐업한 사람, 미용 그만둔 선배, 현역 미용사 2명
5개의 유튜브	미용사 운영 유튜브 2개, 해외 미용사 유튜브 3개, + 본인이 직접 '연예인 헤어 스타일링'을 주제로 유튜브 운영해 보기
관련 커뮤니티	네이버 미용인 카페에서 '가게 월세', '직원 관리 어려움', '무례한 손님 썰' 찾아보기, 진로 상담 신청해 보기

내가 '군인'에 관심이 있다면 이렇게 해보세요.

5권의 책	군인 관련 책, 군인 모집 브로슈어, 군인이 쓴 책, 군인이 쓴 블로그, 군인이 쓴 커뮤니티 글
5명의 사람	퇴임 부사관, 퇴임 장교, 현역 부사관, 현역 장교, 현역 군인
5개의 유튜브	육군, 공군, 해군, 특전사, 군무원, 퇴임 군인 유튜브
관련 커뮤니티	네이버 직업군인 카페, 군인 커뮤니티, ROTC 카페

* 연관된 것으로 확장하기

여러 선배들이 여러분에게 직업의 '확장성'을 가지라고 조언하고 있습니다. 예를 들어 운동신경이 좋아서 초·중등 축구선수 생활을 했던 A가 있는데요, 전국대회를 나가 보니 '와 나는 진짜 아무것도 아니었구나!'를 느끼며 좌절하게 되었습니다. A는 축구를 끝까지 완주할 경우 본인의 미래가 애매하겠다 싶어서, 축구라는 종목을 체육으로 확장해 체육교육과로 대학에 진학했고, 그 이후 튼튼한 몸을 필요로 하는 군인으로 직업을 확장했습니다. 좋은 진로 확장의 예시이지요. 또 다른 학생 B가 있는데요, 그림 그리기를 좋아해서 미술 학원에 다니며 미대를 준비했습니다. 이 친구 역시 입시를 준비하다가 미술 천재들을 만났는데요, 그때 이후 진로를 확장하기로 마음먹었습니다. 시각 디자인, 게임 디자인, K팝 굿즈 디자인 등으로 진로 유연성을 가지고 관심사를 확장하다가, 최종적으로 게임 그래픽 디자이너가 되었습니다.

이처럼 여러분도 하나의 직업만 노리는 것이 아니라, 그 직업과 비슷한 직업으로 확장, 그리고 더 나아가 다른 영역과 융합하는 확장성을 가져야 합니다. 가령, 전기공학과 졸업 후 농업과 협업해 스마트팜 농부 되기, 영문과 졸업 후 유아교육과 협업해 해외 영어유치원 교사 되기, 미대 졸업 후 벽화 전문가로 변신 등이 그 예시입니다.

미술	웹툰 작가, 게임 디자인, 시각 디자인, 영상 디자인, 건축, 공무원, 패션 디자인, 인테리어 디자인, 산업 디자인, 미술 교사, 광고 기획자, 다큐 감독, 캘리그라피
음악	게임 음악, 아이돌 연예기획사, 공무원, 가수 매니저, 리코딩 엔지니어, 음악 치료사, 댄스 안무가, 유튜버, 예능 관련 직장 취업, 콘텐츠 기획 등
체육	프로 선수, 교사, 군인, 경찰, 소방관, 공무원, 헬스 트레이너, 목수, 타일 기술사, 도배 기능사, 농부, 경호원, 심판, 목재 관련 직업 등

넷째, 생계유지 측면에서 진로 설정

한 마디로 '돈을 많이 벌 수 있는 직업인지' 생각해 보는 거예요.

내가 원하는 직업이지만 그 일로 돈을 벌지 못해 생계를 이어갈 수 없다면 그 꿈을 지속할 수 없기 때문이지요. 만일 내가 엔터 쪽 일을 하고 싶다면 대중성을 균형 있게 섞어야 돈을 벌 수 있습니다. 가령 가수가 꿈이라면 아이유처럼 예술성과 대중성을 겸비해야 하고, PD가 꿈이라면 나영석처럼 다큐와 예능을 섞으며 잔잔함과 대중성을 결합할 수 있어야 합니다.

마찬가지로, 순수 미술을 전공하면서도 돈을 잘 벌 수 있는 시각 디자인과 영상 편집, 게임 디자인으로 진로를 확장해 두어야 하고, 특정 악기를 전공하더라도 음악 교사나 음악 관련 공무원 같은 안정적인 꿈도 열어 두어야 합니다. 체육 역시 특정 종목을 잘하더라도 상위 0.1~1%가 아니면 프로 선수가 되기 어려운 만큼 현실적으로 군인, 소방, 경찰 등 운동 신경이 필요한 직업으로 진로를 확장하면 좋습니다. 만일, 내 관심 영역에서 적절한 돈을 벌 수 없거나, 안정적으로 유지하기 어렵다면 내가 좋아하는 그 일은 '취미' 영역으로 두고, 평소의 생계는 다른 일로 대신 하면 됩니다. 실제로 많은 선배들이 그렇게 인생을 살아가고 있습니다.

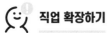

직업 확장하기

내가 하고 싶은 일도 하면서 돈도 많이 벌 수 있는 방법이 있는지 사고를 확장해 보세요.

- 간호사 → 해외에서 취업
- 사회복지사 → 사회복지 공무원, 노인 요양보호 창업
- 시인, 소설가 → 웹 소설가, 영화/드라마 시나리오 작가, 방송 작가
- 쌀농사 → 특용작물(새싹인삼, 유럽 샐러드, 두릅)로 병행
- 봉사자 → 굿네이버스 등 NGO에 입사
- 연예인 코디네이터 → 쇼핑몰 창업, 패션 유튜브 크리에이터
- 연예인 매니저 → 기획사 창업, MCN 창업

다섯째, 미래 지속성 측면에서 진로 설정

앞으로 세상은 로봇과 AI, 양자컴퓨터가 더욱 발전되어서 웬만한 직업을 대체할 것입니다. 실제로 이미 식당가에는 로봇 주방, 로봇 서빙이 대중화되고 있고, 주문 역시 대부분 키오스크가 받고 있습니다. 또한, 아직은 정치적인 이유로 실현되지 않고 있지만 자판기 약사, 로봇약사도 언젠가는 도입될 확률이 높습니다. 의사는 이미 진단 분야의 '왓슨'로봇이 활발히 활동 중이고, 수술 전문 로봇 역시 현장에 조금씩 도입되고 있습니다.

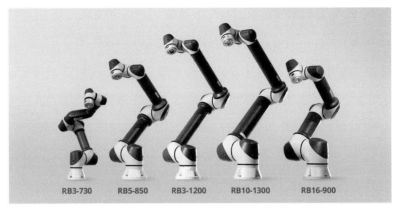

출처: 레인보우로보틱스

앞으로 '-사'로 끝나는 전문직의 미래는 어떻게 될까요? 과연, 세무사, 변리사, 법무사, 변호사 같은 '지식 기반 전문직'은 안전할까요? 이러한 산업은 인공지능에 데이터만 축적되면 바로 프로그램화가 되는 분야이기 때문에 대체될 확률이 매우 높습니다. 간혹, 전문직들은 업무 독점력이 있고, 보호해 줄 단체 협회가 있기에 AI에 대체될 일이 없다고 생각하는 분들이 많은데요, 오히려 대형 법인은 간단한 문서 작업, 소송 준비를 인공지능이 저렴하게 다 해결해 주기에 적극적으로 사용할 것입니다. 또한 의뢰인과 소비자 역시 사람보다 더 정확할 인공지능을 더 신뢰할 거예요. '에이~ 설마 인공지능이 실수했겠어? 쟤네 다 데이터를 통계화한 건데 실수 안 하지~'처럼 말이죠. 그래서 앞으로 법조계는 소송 준비 단계는 인공지능이, 현장 변론은 사람이 하는 것으로 나뉘지 않을까 싶습니다.

결국, 인공지능과 로봇에 대체되냐, 안 되냐의 핵심은 '복잡성과 섬세함'의 존재 여부입니다. 즉, 같은 의사라 할지라도 영상의학과, 피부과, 진단 전문 의사 등은 기계에 의해 어느 정도 대체될 확률이 높으며 치과, 외과 등의 의사들은 섬세하지 못한 기계의 한계로 인해 여전히 대체되기 어려운 직업군이 될 것입니다. 오히려 이들은 인공지능과 로봇을 적절히 이용하는 의사 그룹이 될 수도 있어요. 그렇다면 미래에도 살아남을 복잡성, 섬세함을 바탕으로 한 진로는 어떤 게 있을까요? 미용사, 사회복지, 재활 의학, 물리치료사, 간호사, 요양보호사, 기계공, 수리공, 시공업자, 의사, 간호사, 사회복지사, 치기공사, 수의사, 4차 산업 연구직, 시스템(로봇, 인공지능, 공장) 관리직, 운동선수, 국악 및 전통 예술인, 감독, 배우, 가수, 연예인, 작가, 문화재 관련인, 환경 미화, 경찰관, 소방관 등이 예시입니다. 복잡성과 섬세함이 이해되지요?

 미션

1) 유튜브 '미래채널 MyF'에서 인공지능, 로봇 등 미래 관련 영상 찾아보기

2) 미래 관련 책 5권 읽어보기

3) 미래에도 유망하거나 살아남을 직업 중 내가 관심 있는 직업 2개 찾아보기

생각거리 4

직업에 관한 순위 정하기

1. 직업을 고를 때 가장 중요하게 생각하는 것은 무엇인가요?

수입(돈) 적성/흥미 안정성 유망성 명예/명성 보람/자아실현 워라벨

	나의 우선순위	가족의 우선순위
1		
2		
3		
4		
5		
6		
7		

2. 어떤 성격의 직업을 선호하나요?

| 전문직: 의사, 약사 등 | 대기업: 삼성,현대, LG 등 | 공기업: 00 공사 | 공무원: 7,9급 | 중견 기업: 오뚜기, 하림 등 | 창업: 개인 사업, 프랜차이즈 | 프리랜서 |

	나의 우선순위	가족의 우선순위
1		
2		
3		
4		
5		
6		
7		

3. 희망하는 연봉, 근무지, 출퇴근 시간이 있나요?

- 희망 연봉:

- 희망 근무지:

- 희망 출퇴근 시간:

직업 '찐'으로
경험해 보기

    5-5-5의 법칙을 통해 나의 관심 분야를 스케치해 봤다면, 이제는 직접 현장에 나가 몸으로 부딪쳐 볼 차례입니다. 이 부분은 부모님의 동의가 필요하므로, 꼭 상의 후 진행해야 합니다.

    인생은 이론이 아닌, 실전이기에 해당 직업의 선배들로부터 진짜로 배워봐야 합니다. 실제로 현장에서 경험해 보면 '아오, 진짜 무례한 손님 많네', '와, 생각보다 너무 힘든데?', '와~ 이렇게 돈을 많이 벌어?' 등을 경험하게 될 거예요. 이때 중요한 것은 '가볍게 깨작깨작 체험하는 수준'이 되어서는 안 되고, 무급을 받더라도 현장 분위기를 깊게 느끼며 '찐'으로 고생하며 배워야 합니다. 이때는 꼭 부모님 동의하에 진행되어야 하는데요, 요즘 세상이 워낙 날카롭고 예민하다 보니 현장에서는 여간해서 미성년자를 받아주려 하지 않을 것이기 때문입니다.

다시 강조하지만, 하루만 하지 말고 일주일 이상 해야 합니다. 딱 한 번 하는 것과 3번, 5번 경험하는 것은 완전히 다른 경험이기 때문입니다.

그리고 가능하면 한 곳이 아닌 여러 곳에서 해봐야 합니다. 예를 들어 본인이 요리사가 되고 싶다면, 방학 동안에 부모님 지인을 통해 A식당에 가서 일주일간 주방, 서빙, 설거지, 카운터 계산 등 식당 전체를 느끼며 근무를 해보는 겁니다. 그리고 똑같은 일을 B식당에 가서 한 번 더 해보는 겁니다. 그럼 식당의 전체 시스템이 어느 정도는 이해가 될 거예요. 괜히 TV 드라마에서 재벌 회장이 자녀들을 현장에 보내서 훈련시키는 게 아닙니다. 모든 걸 다 겪어봐야 전체 흐름을 알게 되어 사업이 연결되기 때문입니다.

또, 가볍게 '알바(아르바이트)' 하러 간다는 자세가 아닌, 본인이 사장이나 정직원이 되었다고 생각하고 해야 합니다. 알바생과 사장의 입장은 완전히 다르고 결국 여러분은 사장이 되어야 하는 존재이니까요. 실제로 여러분이 사장의 입장에서 일을 하다 보면, 요리뿐 아니라 경영도 잘해야 함을 깨닫게 되어서 식당 비즈니스가 다르게 보일 거예요.

미션

관심사에 따라 지금 당장 할 수 있는 일을 찾아 보세요.

- '제빵'에 관심 → 빵집에서 알바해 보기, 홈베이킹 도전해 보기

- '군인'에 관심 → 육·해·공군 부대 개방 행사에 참여해 보기, 군인 관련 게임 해보기, 군 박람회 방문하기

- '교사'에 관심 → 교육 봉사 활동해 보기, 아동복지관이나 보육원에서 강의해 보기

- '가수'에 관심 → 유튜브에 노래 커버 영상을 올려 사람들에게 조언받기, 기획사 오디션 참여하기

- '작가'에 관심 → 글 공모전에 도전해 보기, SNS에 글을 연재해 독자를 확보한 뒤 책 출판에 도전해 보기

- '농사'에 관심 → 대형 농장에서 알바해 보기, '우프코리아'에 가입해 1박 이상 농사 체험하기

그럼에도
꿈이 안 생긴다면?

5가지 방법으로 진로도 찾아보고, 직업도 경험해 봤지만 그럼에도 불구하고 하고 싶은 것이 없다면, 그럼 그냥 돈을 왕창 벌 수 있는 일을 하길 바랍니다. 즉, 돈을 중심으로 진로를 설정하라는 뜻이에요. 돈을 벌기 시작하면, 재미가 생겨서 그 일에 흥미가 생기기도 하고, 재미는 없어도 돈을 많이 벌면 그 돈을 가지고 좋아하는 취미를 마음껏 즐길 수 있으니까요.

제가 왜 돈을 왕창 벌 수 있는 일을 하라는지 아나요? 꿈이 있더라도 그 꿈을 이룰 확률이 현실적으로 낮기 때문입니다. 실제로 많은 어른들이 원래 꿈꾸던 삶이 아닌, 전혀 생각하지 않았던 직업으로 살아가고 있습니다. 좋아하는 일을 하는 게 아니라, 그저 해야 하는 일을 하고 있을 뿐이고, 하다 보니 그 일이 좋아진 사람들이 대부분이에요. 왜 그럴까요? 애초에 경쟁 사회라서 내가 좋아하는 일을 할 기회가 많지 않고, '좋아한다'라는 것은 첫 감정이어서 변하기 쉽기 때문입니다. 이 첫 감정은 일이 반복되고, 스트레스가 쌓이고, 사람에게 치이면서 녹아 없어져 버리기 쉬워요. 그래서 차라리 '지금 하고 있는 그 일을 좋아하라' 혹은 '내가 하고 싶은 것은 취미로 하고, 지금 하고 있는 일을 사랑하라'라는 게 더 현실적입니다. 정말 신기하게도 내가 하는 일을 자랑스럽게 여기고, 사랑하고, 사회에서 중요한 일이라 생각하면 일의 마음가짐이 달라지고 행복도가 확 올라갑니다.

　　간혹 '좋아하는 것을 하세요. 가슴이 시키는 것을 하세요! 그게 진짜 행복이에요'라고 말하는 어른들이 있는데 무슨 뜻인지는 알지만, 그것만이 진짜 행복은 아니에요. 좋아하는 것을 하고는 있지만 돈이 안 벌려서 좋아하던 게 재미없어지기도 하고, 과거에는 재미있었지만, 시간이 지나니 재미없어지는 것들도 많아요. 그러니, '좋아하는 것을 하는 것만이 행복한 인생이다~'라는 잘못된 어른들에게 너무 현혹되지 마시고 현실을 버티게 해 줄 '돈'을 중심으로 진로를 설정하는 것도 좋은 것임을 명심하기를 바라요. 그런 면에서 다음 3가지를 참고하기를 바랍니다.

첫째, 몸을 많이 쓰는 일이 힘들더라도 돈이 된다

'수학도 애매하고, 이공계는 정말 안 맞는다?' 그렇다면, 바로 돈을 벌 수 있는 일을 하세요. 즉, 땀 흘리는 분야, 몸으로 돈을 버는 분야를 도전해 봅시다. 비록 몸은 힘들지언정 공부처럼 머리는 안 아프니 적성에 맞는 경우가 정말 많아요. 가령, 도배와 타일 시공을 할 수도 있고, 건물 철거, 단열 폼 시공, 포크레인과 지게차 운전, 전기 배선 등 현장 일을 하는 거예요. 이 영역은 돈을 많이 버는 것뿐 아니라, 젊은 사람들이 많이 없는 관계로 여러분이 시작하기만 하면 오랫동안 돈을 쓸어 담을 수 있으니 꼭 잘 알아보기를 바라요.

타일 시공, 도배, 장판, 벽지, 전기 배선, 줄눈 시공, 목수(실내 인테리어), 단열재 시공, 지게차 운전, 마을버스, 블록 시공, 포크레인, 크레인, 펜스 시공, 에어컨 청소, 보일러 시공, 택배기사, 새시, 건물 철거, 환경미화, 용접, 누수 탐지, 청소업, 간호사 등

추가로 덧붙이자면, 위에 언급한 직업들은 한국뿐 아니라 캐나다, 호주, 뉴질랜드 등으로 이민을 갈 때에도 매우 수월하게 가산점을 받을 수 있는 기술이고, 현지에서도 고소득을 올릴 수 있는 직업이라는 점을 염두에 두세요.

둘째, 10년 후에도 수요가 많은 일을 찾아라

저출산과 고령화가 겹치면서 앞으로 경찰, 소방서, 군인 영역은 사람이 엄청 부족하게 될 거예요. 즉, 인구는 그대로인데, 은퇴자는 많고, 들어올 신규 인원은 적으니 인력 부족에 시달리는 거지요. 특히 재난과 치안 분야는 젊은 사람들이 계속 필요한 분야입니다. 여러분이 노력만 하면 평생직장을 쉽게 확보할 수 있으니 관련 공무원 시험을 미리 준비하면 좋겠습니다. 솔직히 공무원이 월급은 적어도, 안정성 면에서 좋으니 고등학교 졸업하고 바로 준비하는 것도 좋은 전략입니다. 친구들과 함께 스터디(공부 모임)를 만들어도 되고, 함께 관련 학원을 신청하는 것도 좋으니, 가족과 한번 진지하게 상의해 보세요.

부사관(하사, 중사 등), 장교, 소방관, 일반 공무원, 사회복지 공무원, 간호조무사, 물리치료사, 심리상담사, 에너지 전문가, 미용사, 사회단체 활동가, 환경 관련 직종, 응급구조사 등

꼭 말해주고 싶은 게 있는데요, 여러분이 꿈이 없다는 것에 너무 자책하지 않았으면 합니다. 꿈이 없는 건 자연스러운 일이고 전 세계 청소년과 청년 대부분이 가진 공통된 현상이에요. 그리고 제가 왜 돈을 벌어보라고 하냐면, 지금은 꿈이 없더라도, 이것저것 경험하다 보면 어느 순간 갑자기 '딱!' 뭔가 하고 싶은 걸 발견하는 순간이 생겨요. 그때, 여러분이 모아둔 돈으로 뭔가를 하면 됩니다. 가령, 세계여행을 가는 유튜버가 될 수도, 식당을 창업할 수도, 시골에서 땅을 사서 농사를 지을

수도 있을 텐데 그때 여러분이 벌어 놓은 돈으로 바로 시작을 할 수 있는 거예요. 그러니, 꿈이 없어도, 앞에 예시한 일을 우선하면서 돈도 벌고, 모아보고, 그 일을 반복하면서 숙련해 보세요. 그렇게 내가 뭔가를 잘하게 되면 그 일이 내 천직이 되는 시기가 오거나, 벌어 둔 돈으로 가슴이 시키는 일 하면 되는 거예요.

셋째, 이공계가 취업은 잘 된다

꿈은 없지만, 수학 실력이 중간 정도라면, 이공계를 적극적으로 고려하세요. 저 같은 경우도 아버지께서 이공계를 가야 취업이 잘될 거라 하셔서 그나마 수학을 덜 쓸 것 같은 지질학을 전공했습니다. 물론 지질학 내에서도 암석 공학, 엔지니어링 분야는 수학을 깊게 알아야 했지만, 저는 그보다 수학이 덜 필요한 석유, 광산 쪽을 깊게 파며 관련 대기업에 취업할 수 있었습니다. 지금도 여전히 이공계가 문과보다는 조금 더 취업이 나은 상황이니, 수학을 덜 쓰는 이공계 전공을 찾아 진학하는 것도 고려해 보기 바랍니다. 화학, 생물, 지질, 화공, 환경공학, 안전, 산업공학, 기상학, 해양학 등 말이지요.

진로 역량을 기르는
15가지 확실한 방법

인생을 '도로'에 비유할 때, '운전'을 잘하려면 '면허증'이 필요하고, 뛰어난 '운전 역량'이 필요합니다. 진로를 결정했다면 이제 진로 역량을 키우기 위한 노력을 해야 합니다. 지금부터 진로 역량을 키울 수 있는 15가지 방법에 대해 알아봅시다.

익숙한 곳을 떠나서 낯선 곳으로 간다

가능하면 부모님과 상의해서 사는 거주지를 바꾸는 것이 제일 좋습니다. 외국을 가거나, 도시에서 시골로 가거나, 반대로 시골에서 도시로 가는 것이죠. 가능하면 영어권 국가나 동남아 국가 등 외국으로 이민을 가는 것을 가족과 고민해 보는 것도 좋습니다. 어차피, 미래 사회는 이민이 활성화될 것이니까요. 실제로, 여러분의 선배들은 농어촌 전형을 노리고 일부러 지역을 바꾸기도 하고, 특성화, 지역인재, 재외국민 전형 등을 위해 거주지를 바꾸기도 합니다. 이렇게 내가 사는 곳과 내가 만나는 사람을 바꾸면, 나의 물리적 환경이 변화해 내 생각도 자연스럽게 달라질 수 있습니다.

그런데, 솔직히 거주지를 바꾸는 것은 쉬운 일이 아니죠. 부모님의 직장 문제, 수입 문제, 여러분의 적응 문제도 있을 테니 말이죠. 그럴 때는 차선책을 시도하는 것이 필요합니다. 이사가 쉽지 않으니 한 달 살기, 일주일 살기를 통해 잠시라도 집을 떠나 보는 것이죠. 단, '몇 일간 연속으로' 떠나있어야 하고 어쩔 수 없으면 하루를 가더라도 최대한 오래 있어 보세요. 그리고 거기서 뭔가를 반복적으로 '경험'해야 합니다. 가령, 일주일 연속으로 스마트 팜에서 일을 해본다거나, 일주일 연속으로 보육원 봉사를 해보는 거죠. 또, 캠핑을 가서 직접 텐트를 치고 걷고를 5일간 해보는 겁니다. 그렇게 연속으로 하고, 반복적으로 뭔가를 하는 순간, 숙련되기 때문에 그 분야에 대한 진로 역량, 자신감, 호감이 생기게 됩니다.

만일, 일주일을 떠나는 것도 쉽지 않다면 매 주말 혹은 단 하루라도 익숙하지 않은 곳에 가서 새로운 경험을 하세요. 가령, 서울 코엑스에서 매주 새로운 주제의 박람회가 열리니 방문해 보고요, 나와 다른 삶을 사는 노숙인, 쪽방촌, 보육원에서 봉사활동을 해 보며 '아, 나의 평범한 일상이 사실은 감사한 것이었구나'라고 생각을 확장할 필요가 있습니다. 또한, 매일 가는 일반 마트가 아닌 도매시장 5곳을 가보며 도매와 소매가격의 차이, 유통 마진, 서민 갑부가 되는 과정을 직접 체감해 보는 것도 좋습니다. '아, 이렇게 싸게 물건을 사 와서 온오프라인에 파는구나!'라고 말이지요.

미션

- 쉬는 날 새벽에 부모님과 함께 동대문 도매시장(청평화, 밀리오레 등), 양재동 화훼시장, 노량진 수산시장, 방산시장, 가락청과시장, 경동 약재시장 등 가기

- 창신동 문구·완구 도매시장, 화곡동 화장품·문구·완구 도매시장에 가서 대형 마트와 비교하기

- 남대문 남시약국, 종로 보령약국 등 제약 도매점을 방문하고, 동네 약국과 비교하기

- 중국 광저우·이우 시장에 가서 G마켓, 스마트스토어에서 판매하는 물건의 도매가를 알아보기

- 서울의 문고리닷컴, 에이스하드웨어, 두성종이 인더페이퍼, 방산시장 디퓨저·박스 판매점 방문하기

- 서울 논현·학동역 타일 거리와 가구 거리 방문하기 ex) 윤현상재

- 동대문시장, 남대문시장에 방문하고 맛집 체험해 보고, 하루 매출 규모 추측해 보기

- 온·오프라인 식자재 마트 방문해 대용량 제품 크기와 가격 비교하기

- 온라인 '모노마트' 접속해 식당들이 무엇으로, 어떻게 돈을 버는지 살펴보기

- 카카오프렌즈샵, 라인프렌즈샵 방문하기

- 광희동 중앙아시아 거리, 대림동 중국 거리, 평택 미군기지 거리 체험하기

- 구글어스로 세계 여행해 보기 ex) 이스터섬, 파리 에펠탑, 이집트 피라미드 등

- 네이버 지도로 부모님이 살았던 옛날 동네 찾아보고, 로드뷰로 확인하며 이야기 듣기

- 해외에 가서 현지 생활 체험하기(가벼운 맛집·휴양 투어가 아니라, 이틀 이상 실제 생활해 보기)

- 국내 시골살이 찐으로 경험해 보기

- 대한민국 해안 투어하기 (강원 척추 라인, 새만금 신시도 노을 구경 등)

- 다양한 봉사 활동 참여하기 ex) 해비타트 집짓기, 노숙인 봉사, 보육원 봉사,

산불·태풍 재난 봉사 등
- 주요 종교(성당, 절, 교회) 방문해 긍정적인 면과 우리나라에 끼친 영향 조사하기
- 동네, 해변, 산, 공원 등에서 플로깅(쓰레기 줍기) 해보기
- 구글이나 유튜브에 '잊지 못할 경험', '인생이 바뀐 경험' 검색해 보고 따라 하기

최대한 다양하고, 힘든 경험을 한다

저는 왜 대다수의 청소년이 꿈이 없는지 그 이유를 알고 있습니다. 바로, 10대 대부분이 꿈을 가질 수 없는 환경에 놓여 있기 때문입니다. '집-학교-학원'만 반복하며 평범한 환경에서 살아가는데, 어떻게 꿈이 생길까요? 당연히 꿈이 생길 수가 없습니다. 꿈은 어른들의 세상인데, 어른들 세상을 경험할 기회가 없으니 당연히 꿈이 안 생기는 것입니다. 일상이 변화해야 성장하는데, 맨날 똑같은 환경이 반복되니 성장할 기회가 없는 거지요.

"한 번도 안 해본 걸 하고 나면, 그 전하고는 완전히 다른 사람이 되어 있더라고요."
-드라마 〈나의 해방일지〉, 염미정의 대사 中-

이제부터 여러분이 할 일은 최대한 많은 일을 경험하는 것입니다. '와, 진짜 힘들다', '와, 이렇게 돈 버는 거였어?', '뭐 저런 사람이 다 있냐?' 싶은 추억과 경험을 쌓아야 합니다. 예를 들어, 가장 바쁜 복날에 삼계탕 가게에서 서빙 알바를 하거나, 명절에 떡집에서 알바를 12시간 해보세요. 그럼 나도 모르게 일 잘하는 법, 효율적으로 서빙하는 법, 손

님의 관점이 아닌 사장의 관점에서 잘되는 가게의 특징, 큰돈 버는 사람들에 대한 부러움이 생기게 됩니다. 또, 나와는 전~혀 상관없을 것 같은 생뚱맞은 연기 오디션 도전, 합창단 참여, 드라마 엑스트라 참여, 방송국 방청객 알바, 뮤지컬 관람, 반 친구들이 함께 친구네 부모님 식당을 도와주며 매출 2배로 늘려보기, 마라톤 대회 참여, 다문화센터 봉사, 어른들 재테크 모임에 10대로서 들어가기 등의 경험을 해보며 인생 역량을 확장해 보기를 바랍니다. 또한, 공모전 도전은 상금, 상장, 성취감, 경력이라는 네 마리 토끼를 노리기 좋은 진로 공부법입니다. 친구나 가족과 함께 꼭 공모전을 통해서 도전을 습관화해 보기를 바랍니다.

 미션

- 매출 많은 맛집 가서 서빙 알바, 불판 설거지 알바, 축제장에서 물건 판매 알바 등 일부러 고생하고 '서민 갑부'가 되는 이유 느껴보기
- 재난 현장, 복구 현장 등에서 힘쓰는 '찐' 고생스러운 일 해보기
- 무덥고 햇볕이 쨍쨍한 날에 무리하지 않는 선에서 농사지어 보기
- 기억에 남을 특별한 경험해 보기

  ex) 20분간 온몸으로 비 맞기, 온 가족이 전기자전거 타고 국토 종주하기
- 할머니·할아버지께 옛날이야기 듣고 영상 만들어 유튜브에 올리기

  = 노출이 많이 될만한 제목, 내용, 콘셉트 고민해서 만들어 보기
- 우리 집 가계부 살펴보고 한 달간 최대한 절약하며 살아보기

   ex) 20만 원으로 한 달 살기
- 유튜브 보고 마사지 독학해서 부모님께 해드리고 용돈 받기

  ex) 손, 발, 아로마 마사지
- 무료이거나 저렴한 가격의 전시실 빌려서 친구들과 함께 사진·그림 전시회

열어보기

- 온라인으로 해외 친구 만들어 보기
- 가족 여행 가기 전 온 가족이 함께 예산, 루트, 맛집 등을 기획하고 의견 제안 하기
- 공모전 도전하기

  ex) '컨테스트 코리아', '위비티' 사이트 들어가서 내가 할 만한 것 찾아서 3개 도전해 보기

습관과 사고를 바꾸기 위해 환경을 바꾼다

제 아내와 아들은 물을 엄청나게 잘 마십니다. 거의 '물먹는 하마' 수준입니다. 사실, 과거에는 제가 물 먹으라는 잔소리를 해도 '싫어!' 하며 안 먹던 사람들이 저의 '이 행동' 하나로 완전히 바뀌었습니다. 바로, '에비앙' 생수를 사준 것입니다. 아시다시피 에비앙은 한국에서는 일반 생수보다 3배 정도 비싼 편입니다. 그래서 '이 물은 비싸니까, 버리면 아깝다~'라는 인식을 심어 주었고, 또 눈에 잘 띄게 일부러 식탁 위에 두었습니다.

추가로 제가 한 것은 '소형화' 전략이었습니다. 가장 작은 '330mL'를 올려두고 '하루에 이거 하나만 먹게 하자'는 전략을 세웠습니다. 그 결과, 이 전략이 먹혀서 우리 집에는 하마 두 마리가 사는 것처럼 물을 엄청나게 마시고 있습니다. 다만, 이제는 에비앙 대신 다른 일반 물을 두고 있고, 지금도 물을 아주 잘 마시고 있습니다.

　　여러분도 나를 바꾸거나 누군가를 바꾸고 싶다면 어렵게 생각할 필요 없이 '환경 조성'을 하기 바랍니다. 동기부여도 좋지만, 더 효과적인 것이 바로 '환경'을 바꾸는 것이기 때문입니다. 제가 사는 곳을 바꾸라고 한 것 역시 어찌 보면 환경 조성이고요. 공부할 때 휴대폰을 무조건 밖에 두기, 집중력 흐트러질 음악을 아예 안 듣기, 책상 위에 아무것도 안 두기, 학원과 스터디 카페 등록해서 억지로 공부하기 등은 모두 올바른 환경 조성입니다. 만일 운동을 해야 한다면 운동기구를 눈에 보이는 곳에 두고, 같이 운동할 사람을 만들고, 특정 시간에 알람이 울리게 세팅해 두어야 합니다. 이 외에도, 컴퓨터 모니터 아래에 받침대를 둬서 거북목을 방지할 환경을 조성하고, 냉장고 손잡이, 화장실 휴지 뽑는 곳에 영어 문장을 붙여두고 외우는 것도 훌륭한 환경 설정입니다.

　　특히, 주위 사람을 바꾸는 환경 설정도 추천합니다. 어른들도 좋은 상사와 능력 있는 동료를 만나면 그때부터 '폭발적 성장'을 하는 경우가 정말 많고, 술만 마시던 사람이 봉사활동에 참여하고 어울리면서 삶이 완전히 바뀌기도 합니다. 목적 없이 놀기만 하던 친구들이, 우연히 친구의 장사를 도우며 함께 운영하다가 이제는 돈을 왕창 벌고 싶어 하는 친구들로 바뀌는 사례도 참 많습니다. 주위 사람을 바꾸고, 그들과 어울리며 자연스레 '변화'한 것입니다. 여러분도 혼자의 의지는 분명히 약해질 수 있지만, 나와 관심사가 같은 사람들과 함께하면 오래갈 수 있고, 그들로 인해 좋든 싫든 자동으로 변화하게 됩니다. 꼭 의도적으로 주변 사람을 잘 세팅해서 환경을 조성하면 좋겠습니다.

 미션

1) 엄마, 아빠, 지인에게 '주변 사람을 바꿔서 인생이 바뀐 경험'이 있는지 물어보기

2) 나에게 맞는 환경 조성하기

   ex) 눈에 보이는 곳에 해야 할 일 배치하기 -> 식탁에 물 올려두기, 단어장 붙여두기

   ex) 이동할 때나 운동할 때만 웹 드라마, 예능 보기

   ex) 카카오톡 메시지가 오면 스쿼트 5개 하고 확인하기

오지지널을 분석하고 똑같이 모방한다

라면, 과자, 자동차, 휴대폰, 가방, 옷 우리가 알만한 회사들 대부분은 서로를 벤치마킹하고, 차용하고, 재해석하고 있습니다. 신제품이 출시되면 그 제품을 분해해서 상대방의 기본 구성을 이해하고, 거기에 차별화 포인트를 더해서 비슷한 듯 다른 제품으로 출시하는 것이죠. 여러분도 이 원리를 그대로 가져오기를 바랍니다. 맛집의 김밥을 사 와서, 김밥 속을 열어보고, 똑같이 만들어 보세요. 또, 잘 만든 공익광고 포스터를 포토샵으로 똑같이 만들어 보고, 닮고 싶은 가수를 똑같이 모창해

보는 것도 좋습니다. 즉, 우리 주위에서 흔히 볼 수 있는 물건, 콘텐츠를 가지고 분해하고 재조립해 모방하는 훈련을 하는 겁니다. 이 과정을 하다 보면 오리지널의 원리, 과정의 이해, 창작자의 생각 등을 자연스레 흡수할 수 있게 됩니다.

만약 유튜브 채널을 따라 만드는 경우라면 이때 수익 창출은 하지 말아야 합니다. 카피 당하는 사람으로서는 본인 창작물이 침해당하는 것이니까요. 대신 똑같이 몇 번 따라 한 후에는, 오리지널에서 배운 걸 가지고 나만의 것으로 새로 만들어야 해요. 그저 따라 하면 복제품이지만, 배운 것을 바탕으로 응용하면 나만의 신제품이 되는 법이니까요.

 미션

1) 돈이 될 만한 유튜브 쇼츠 똑같이 만들어 보기

    - 명언, 종교(기독교, 불교, 천주교 등) 관련 쇼츠

    - 해외 축구 리뷰, '국뽕', 치매 예방 게임, 요리하는 법, 연예인 랭킹 쇼츠

    - 영화 소개, 예능 모음집 쇼츠

2) 연습이 충분히 되면, 해외 유튜브 영상을 참고해 '동물, 재난, 연예인' 등으로 쇼츠를 만들어 올리기

3) BTS, 임영웅 등 국내외 팬층이 많은 대상으로 긍정적 뉴스 만들어 올리기

4) 온 가족이 함께 요즘 유행하는 챌린지 영상 찍기

5) 포토샵, 망고보드로 'KOBACO 공익 포스터' 똑같이 그려보고, 신규 공모전에 도전하기

6) 좋아하는 가수의 노래를 모창하며 따라 불러보기

7) 닮고 싶은 연예인의 화장을 똑같이 해보기

8) 유명인의 축구 칼럼을 필사하고, 나만의 축구 칼럼을 만들어 인터넷에 연재하기

기획력과 마케팅 능력을 기른다

'이거 하면 재밌겠는데?', '이렇게 하면 되지 않을까?', '이렇게 사람의 관심을 끌어보자' 하는 것을 기획과 마케팅이라고 합니다. 기획은 계획을 세우는 것으로 생각하면 되고, 마케팅은 사람들의 이목을 집중시키고 물건을 사고 싶게 만드는 것으로 생각하면 됩니다. 이 기획과 마케팅 연습은 아주 쉽고 재미있게 할 수 있는데요, 예를 들어 아이돌 뮤직비디오 감독이 되어 스토리보드를 만들고, 배우를 누구로 쓸지 섭외해 보는 거예요. 마치, 여러분이 방시혁과 지코, 민희진이 되어 아이돌을 기획해 보는 겁니다.

여러분 동네에 해마다 열리는 축제를 업그레이드시키거나, 아예 신규 축제를 새로 기획해서 주민센터와 시청에 제안해 보는 것도 좋습니다. 또, 좋아하는 가수를 주제로 유튜브 채널을 하나 만드는 것도 좋습니다. 그렇게 3만, 5만, 10만 뷰가 쌓이고, 누군가가 댓글로 나를 좋아해 주고 응원해 주다 보면, 자신감과 호감이 생겨 콘텐츠 쪽으로 진로가 형성될 수도 있습니다. 추가로, 같은 반 친구 부모님이 식당을 운영하고 있다면 반 친구들이 힘을 합쳐서 '친구네 식당 매출 일으키기 프로젝트'를 함께 해보세요. SNS를 통해 친구네 식당을 알리고, 전단지를 디자인해 보고, 또 직접 길거리에서 홍보해 보며 마케팅 역량을 연습하는 거예요.

제가 현장에서 기획, 마케팅, 영업, 토론, 설득과 발표, 디자인, 돌발 상황 해결, 창의적 생각 등을 가르치는 이유는 결국 어른이 되면 이러한 진로 역량을 가지고 일을 해야 하기 때문입니다. 뭐 대단한 이유가 아닙니다. 어른이 되면 할 일을 10대 시절부터 재미난 소재(유튜브, 티셔츠 디자인, 연예인, 화장품, 패션)를 통해 미리 겪어보고 수시로 그 역량을 반복하면 일머리가 생기는 것이죠. 이러한 진로 역량은 내가 어느 분야를 가도 어차피 가지고 있어야 할 공통 역량입니다. 가령, 생산직으로 가도 설득과 발표 능력, 문제 해결 능력은 필요하고, 사무직으로 가도 디자인 감각, 마케팅 능력은 필요합니다. 다 가지고 있다면? 멀티 인재, 서로 모셔갈 인재입니다.

진로 활동을 돕는 다양한 활동지

출처: 스팀 21

그래서 저는 현장에서 아이들이 SM, JYP, 하이브의 기획사 사장이 되어, 기존 아이돌을 내 맘대로 섞어서 새로운 팀을 만들어 보고, 그 과정을 통해 회계, 재무, 아이돌 홍보, 마케팅, 부서의 이해 등을 재미나게 가르치고 있습니다. 또, K푸드 창업 체험을 통해 창의적인 신메뉴를 만들게 하고 있습니다. 또한, 나만의 디자인을 그려서 다양한 굿즈와 티셔츠를 만들어 온라인에 파는 시뮬레이션을 하고, 그로 인해 수익성과 디자인 감각을 자연스레 형성하고 있습니다. 어때요? 어려워 보이나요? 아니면 재미있을 것 같나요? 이러한 소재는 충분히 부모님들도 재미나게 할 수 있으니 집에서 온 가족이 함께 만들어 보기 바랍니다.

미션

- 유튜브에서 무한도전 〈정청무가 쏜다〉 편을 시청하고 '기획하는 것' 느껴보기

- 내가 YG, SM, 하이브, JYP의 디렉터라면 아이돌을 어떻게 제작할지 생각해 보기

- 획기적인 넷플릭스 프로그램 기획해 보기

  ex) 〈피지컬100〉, 〈복면가왕〉

- 우리나라 프로그램 중에 외국으로 수출하면 잘될 것은?

  ex) 〈지구오락실〉, 〈출장 십오야〉 등

- 유병재 유튜브 콘텐츠 〈다독다독〉, 〈두근두근 입법부〉처럼 새로운 콘텐츠 만들어 보기

- KBS 방송 프로그램 공모전 도전해 보기

  ex) 전 국민이 함께 만드는 국가대표 한식 만들기

- 온 가족이 함께 대중적인 지역축제 기획 및 포스터 만들어 보기

- 우리 가족이 창업을 한다면 어떤 메뉴로 어디에 오픈할지 창업 시뮬레이션하기

- 지인 가게를 홍보해 주며 매출 올려보기

- 가족이 함께 유튜브나 인스타 키워보기

- 독서를 하고 난 뒤 인상 깊은 구절을 필사하고 인스타그램에 올려 기록 남기기

- 인스타그램, 블로그, 유튜브 키우는 법 공부해 보기

- 만약 유명 연예인과 유튜브 채널을 만들 수 있다면 누구와 어떤 채널을 만들고 싶은지 생각해 보기

책임감과 생활력을 기른다

뭐든 내 일처럼 하는 사람, 무인도에서도 살아남을 수 있는 사람, 무슨 일이 터져도 수습하려는 사람을, 대학과 회사는 서로 데려가려 합니다. 이러한 책임감과 생활력은 갑자기 생기지 않습니다. 리더가 되어 팀을 이끌어보고 책임지는 훈련을 해야 합니다. '아오, 미치겠다. 왜 이렇게 힘들어'라는 말이 나올 만큼 고생도 해봐야 하고, 뭔가를 도전해 끝까지 완주해 보면 자연스레 책임감과 생활력이 형성됩니다. 예를 들어 부모님과 함께 새벽 4시에 인력사무소 앞에 나가보세요. 그곳에서 일용직 구직자들을 관찰하며 그 추위를 이겨내면서 가족을 위해 고생하는 어른들의 책임감과 간절함을 느껴보세요. 또, 새벽에 동네 버스 첫차를 타고 맨 뒤에 앉아 종점까지 가보세요. 그럼 '이 시간에 열심히 사는 사람들이 정말 많구나', '이 사람들이 있어 우리나라가 운영되는구나'를 느끼게 될 거예요.

 미션

- 육체적으로 힘든 곳에서 알바해 보기

  ex) 복날에 삼계탕 가게에서 설거지 알바, 동네 맛집 서빙 알바, 택배 상하차 알바
- 사람이 많이 모이는 곳에서 일해 보기

  ex) 주말 놀이공원 알바, 예식장 알바
- 새벽 첫차(시내버스, 마을버스) 타고 열심히 사는 분들 관찰하며 존경심 갖기
- 새벽에 환경미화 하는 분들께 따뜻한 음료 드리며 감사 인사하기

- 봉사 활동하기

  ex) 재난 현장 자원 봉사 가기, 농사일 돕기
- 극한의 경험하기

  ex) 북한산 정상에 오르기, 전기자전거 타고 국토 종주하기
- 추운 겨울에 긴 빗자루 사서 온 동네 눈 쓸어보기
- 온라인 위탁판매 도전해 보기(큰돈을 벌 수 있다는 말에 현혹되지 말고, 사업 원리를 익히는 것에 집중하기)
- 반려 식물 키워보며 책임감 기르기(다이소에서 사지 말고 '모종' 사서 키우기)
- 새벽 4시에 일용직 모집 현장 나가서 절실함과 생활력 느껴보기
- 동네 산 정상에서 새벽 일출 보고 오기
- 즉문즉답 연습하기(리더가 되어서 누군가를 상담해 보면 오히려 나에게 도움이 되는 경우가 많음)

  : 사기로 돈을 잃은 사람에게 해주고 싶은 말은?

  : 결정하지 못하고 우유부단한 사람에게 해주고 싶은 말은?

  : 꿈이 없는 친구에게 해주고 싶은 말은?
- 유튜브 '갈때까지간 남자', '열현남아', '30대 자영업자 이야기', '휴먼스토리' 채널에서 영상 2편씩 시청하고 배울 점 SNS에 기록해 보기
- 유튜브 '패러다임 시프트' 채널 영상을 보고 동기부여가 되는 말 30개 정리해서 친구들과 공유하기

글쓰기와 말하기 능력을 기른다

'캬~ 얘는 말 하나는 기가 막히게 해~', '와~ 이거 네가 쓴 거야?' 라는 말을 듣는 사람이라면, 어느 기업이든 여러분을 서로 모셔 가려 할 것입니다. 실제로, 세상은 말과 글만으로도 충분히 먹고 살 수 있는 공간입니다. 제가 만일 "여러분도 문학적인 글쓰기를 잘할 수 있어요!" 라고 한다면 거짓말이겠지만, G마켓 상세페이지, 클릭하게 만드는 기사 제목 만들기, 노래 가사 작사하기, 시 쓰기, 시나리오 초고 쓰기와 같은 '실용적인 글쓰기를 잘 쓸 수 있어요!'라고 한다면 그것은 거짓말이 아닙니다. 실제로, 병원·변호사·식당 블로그를 대행하는 마케팅 회사들도 카피라이팅 책을 보고 그대로 따라 하는 수준입니다. 여러분도 충분히 어른들처럼 할 수 있으니 다음 예시를 통해 꼭 미리 연습해 보기 바랍니다.

 미션

- '살구뉴스'에 들어가서 '클릭을 유도할 만한' 기사 제목 찾아보기
- 봄, 여름, 가을, 겨울 계절에 어울리는 '시'나 '산문'을 써보고 글 공모전 도전 해 보기
- 카피라이팅, 네이밍 공모전 도전해 보기
  ex) '씽굿', '위비티' 홈페이지 참조
- '부크크'를 이용해 나만의 책, 우리 가족의 책 출판해 보기 (판매 목적 x)
  : 내가 쓴 글이어도 되고, 내가 좋아하는 것을 모은 책이어도 됨
  ex) 좋아하는 가사 모음집, 좋아하는 사진집, 좋아하는 글귀 모음

- 좋아하는 가수의 MR(반주만 있는 곡)을 유튜브에서 찾아 새로운 가사로 개사해 보기
- 가족 구성원이 생각하는 내 인생의 노래를 각자 3곡씩 선정해서 같이 들으며 가사 읊어보기
- 엄마, 아빠만의 레시피 5개를 블로그, 카페, 유튜브에 무료로 공유하기
- 우리 동네 맛집이지만 손님이 적은 가게를 내 블로그를 통해 대신 홍보하기
- 광고 카피라이터가 된다면, 시중에 판매되는 제품들의 광고 문구를 어떻게 작성할 것인지 생각해 보기

  → 현대 제네시스, 삼양 불닭볶음면, 오리온 꼬북칩, 배스킨라빈스, 맘스터치

  ex) 엄마도 감동하는 맛, 맘스터치!
- 영화·드라마 시나리오 만들기(주연 배우, 시놉시스, 제작 지원, 예산, 배급사 등 고려 하기)
- 대학 입학지원서 5개 읽어보고 부모님과 함께 써보기

  ex) 구글에서 '상반기 취업 면접 합격 후기', '인턴 합격 후기' 검색 후 읽고 참고해서 써보기
- 성형외과, 정형외과, 변호사 등의 네이버 블로그를 찾아가 제목과 내용을 어떻게 쓰는지 찾아보기

  ex) '~하는 3가지 이유', '~하는 3가지 꿀팁', '00 전문가가 말하는 00 하기 전 꼭 알아야 할 5가지' 등 공통점을 찾고 이유를 생각해 보기

또한, 다음 주제를 가지고 가족이나 친구들과 팀을 나눠서 '재미난 토론'을 해보세요. 중요한 점은 내 주장뿐 아니라 상대의 입장을 경청하는 것이고, 상대방을 이기는 데 집중하지 말고 천천히 말해야 하며, 근거가 있는 주장하기, 차분한 목소리로 말하기 등에 집중해야 합니다. 가령, 상대방이 말을 마치고, 나의 차례가 되었을 때 "방금 말씀하신 것도 일리 있습니다만, 저는~" 또는 "이러이러하다는 님의 주장에 충분

히 공감합니다. 하지만 제 생각은~"처럼 내 주장 앞에 '쿠션' 역할의 문장을 넣어서 부드럽게 반박하는 연습을 꼭 하기 바랍니다. 같은 내용도 어떻게 말하느냐에 따라 완전히 다른 결과를 만들어 내기 때문입니다.

 함께 토론하기

- 강아지의 상체, 하체를 나누면 기준은 어떻게 세워야 할까? 가로일까, 세로일까?

- 대한민국 100년 역사를 통틀어 연예계 GOAT는 누구일까? 유재석? BTS? 이주일? 조용필?

- 안락사를 허용해야 할까? 허용한다면 누구에게 허용해야 할까?

- 환경을 지키자며 산의 나무를 밀어버리고 태양광 패널을 설치하는 것은 정말 환경을 지키는 행위일까?

- 원자력 발전을 지속해야 하는 현실적인 이유는 무엇일까?

- MSG는 정말 몸에 해로운 걸까? 아니면 좋은 성분인데 나쁘게 포장된 것인가?

- 수백억 원대 경제사범의 양형이 3~15년으로 너무 낮은데, 이에 대한 생각은?

- 5만 원권에 신사임당이 들어가는 것은 적절한 선택일까? 여성 할당이 목적이라면 유관순은 어땠을까?

- 운동, 예능(콩쿠르 등) 분야의 병역면제 기준은 적당할까?

- 병역은 국민의 의무인데, 저출산으로 군인이 부족한 상황에서 여성도 입대를 해야 할까?

- 상속세가 다른 나라와 비교해도 너무 높아, 상속을 포기하고 해외에 회사를 매각하는 경우가 늘고 있는데 어떻게 생각하는가? 상속세는 이중과세라는 주장은 어떻게 보는가?

- 만약 북한의 김정은 체제가 붕괴한다면 어느 나라가 통치해야 한다고 보는

가? 한국? 미국? 중국? 러시아? 아니면, 북한의 다른 세력을 통해 국가를 재건해야 할까?

- 한반도가 통일되기를 원하는가, 아니면 이렇게 계속 유지되기를 원하는가?

- 동거도 결혼으로 인정해야 할까? 인정된다면, 동거 후 헤어졌을 때 위자료, 재산분할을 해야 할까?

- 반려동물을 유기하는 사람이 많은데 어떻게 하면 유기를 줄일 수 있을까?

- 출산율, 혼인율, 연애율을 높일 방법은 무엇일까?

- 외국 어선의 한국 영해 침범 및 무단 조업은 어떻게 해결해야 할까?

- 65세 이상 노인의 대중교통 일부 유료화를 해야 할까?

  (참고, 처음 무료화 정책 시행 시 노인 인구는 전체의 5% 정도였으나 현재는 20%이며, 10년 뒤는 국민 전체의 35%가 노인이 되는 상황임)

- 국가가 해결하지 못하거나 형량이 약해서 사적 제재가 늘어나고 있는데 옳은 것일까?

- 사실적시 명예훼손이 필요한 이유는 무엇일까? 폐지하면 어떨까?

AI 툴 활용 능력과 실용 디자인 능력 기르기

세계적인 AI기업 엔비디아의 CEO 젠슨 황이 한 말입니다. "이제 코딩을 배우는 시대는 끝났습니다. 기술은 AI가 대신 할 것이고, 미래의 컴퓨터는 여러분이 시킨 일을 다 해내고 자동화할 겁니다. 그래서 만일 누군가 내게 대학 희망 전공을 물어본다면, 저는 생물학이라고 말할 것입니다. 생물학은 가장 복잡하고 세심한 분야이기 때문입니다."

여러분은 챗GPT, 바드, 노션, 감마, 클로바노트, 미드저니, 타입캐스트를 들어보셨나요? 이것들은 AI 툴인데요, 시간을 획기적으로 줄여

주고, 결과까지 훌륭한지라 대학과 기업체에서 정말 많이 활용되고 있습니다. 지금 세상과 기업은 이러한 툴을 사용하느냐 안 하느냐에 따라 운영 방식이 갈리고 있습니다. 여러분께 물어보겠습니다. 현재 기업에서 쓰고, 앞으로도 계속 활용될 예정이라면 여러분이 미리 배워두면 당연히 좋겠지요? 그래서 저희 회사가 전국 지자체와 협약을 맺고, 10대, 20대들에게 AI 툴을 교육하고 있는 겁니다. 실제로, 지금 초급, 중급 수준의 코딩은 사람이 AI를 시켜서 하는 일이 되어버렸고, 웬만한 수준의 디자인, 기획, PPT 역시 사람이 AI를 통해 만들어지고 있습니다. 멀게만 느껴졌던 미래가 어느새 우리 곁에 가까이 와 버린 것입니다. 지금 현장에서는 모두 AI 툴을 활용하며 3명이 할 일을 1명이 하고 있습니다.

또한 AI 툴과 함께 디자인 역량도 꼭 갖추기를 바랍니다. 앞으로 여러분이 활약할 대학, 기업에서 초·중급 수준의 디자이너들은 AI로 대체되기 쉬운 만큼 모든 직원이 기본적인 디자인 능력을 보유해야 할 것입니다. 제가 말하는 디자인 능력이란 연필로 데생하거나 풍경화를 그리는 순수미술이 아닙니다. 유튜브 섬네일, 가게 전단, 영화 포스터, 현수막처럼 일상에서 접할 수 있는 실용적인 디자인 능력을 기르라는 것입니다. 쉽겠지요? 여러분이 할 일은 그저 기본적인 색 배합, 글꼴과 글자 크기의 이해, 글과 그림의 구도와 배치만 연습하면 됩니다. 이러한 공식들은 구글에 검색만으로도 어렵지 않게 찾을 수 있고, 재미있게 할 수 있는 영역이니 꼭 연습해서 나만의 작품을 SNS에 올려 보기 바랍니다. 이를 위해 같은 반 친구네 가게 전단지를 만들어주거나, 학교 축제 현수막 디자인하기, 우리 반티 만들기 등을 하는 것도 좋습니다.

앞으로 기업은 멀티 인재를 원하는 만큼 원래 전공에 디자인 능력까지 갖추고 있다면 인건비를 줄일 수 있어 여러분을 서로 모셔 가려 할 것입니다. 특히 디자인에 특화된 AI 툴인 '망고보드', '미리캔버스', '캔바' 같은 사이트에 가입하면 기본적인 템플릿, 배경, 글씨체 등이 다 준비되어 있어 여러분이 할 일은 단지 조합만 잘하면 되는 수준입니다. 꼭 연습해 보기를 바랍니다.

 생성형 AI 툴 사용해 보기

1) 챗GPT: 세특 주제 탐색, 토론 주제 아이디어 뽑기, 국어 독후감 초안 작성

2) 클로바노트: 토론수업, 수업, 학급회의 내용 녹음 후 클로바노트로 자동 텍스트 변환

3) 타입캐스트: 직접 쓴 동화나 글을 AI 낭독으로 만들어 도서관에 오디오북으로 기증

4) 구글AI스튜디오 실시간 화면 검색으로 문제 풀이 도움받기

5) Felo ai 로 자료 조사하고 바로 프리젠테이션 만들어 보기

6) suno ai로 우리반 주제가 만들어보기

7) krea.ai 에서 우리 반 마스코트 만들어보기

8) 구글 ai 스튜디오에서 실시간 화면 소통으로 중국어 메뉴판 번역하기

 디자인에 특화된 AI 툴 사용해 보기

- 구글에서 '공익 포스터 수상작' 검색해서 잘했다 싶은 것 똑같이 만들어 보기

- 같은 반 친구네 부모님 가게 전단 대신 만들어서 100장 드리기

- 조회수 높을 만한 유튜브 섬네일 만들어 보기

- '요기요', '배달의 민족' 들어가서 상단의 롤링 배너 똑같이 3개 만들며 색감,

구도 연습하기

* 사진 공모전, 영상 공모전 도전하기

* 나만의 사진전 하기: 동네 무료 대관해 사람이 많이 안 오더라도 개최해 보기

* 내가 좋아하는 가수의 앨범 재킷 디자인을 새로 만들어 보기

* 과자, 라면 봉지 디자인해 보기

* 학교 축제 현수막, 학교 축제 포스터 만들어 보기

창의력과 융합력을 기른다

세상에 없는 것을 만들어 내고, 신물질을 개발하는 것만이 창의력이 아닙니다. 창의력이란 우리 주위의 흔한 요소끼리 융합하고, 컬래버(협업)해 탄생하는 것이 대부분입니다. 예를 들어 참치와 마요네즈를 섞은 참치마요 김밥, 짜장면과 짬뽕의 짬짜면, 초코파이 체리 맛, 새콤달콤 민트 초코 맛 등이 실용적인 창의력의 예시입니다. 이처럼 여러분이 가져야 할 창의력은 어려운 창의력이 아니라 '대중적인' 창의력, '돈이 되는' 창의력, '사람들의 관심이 몰릴' 창의력이어야 합니다. 돈이 되지 않고, 사람들이 관심을 가지지 않는 창의력은 그저 '돌아이다운 생각', '시대를 앞서간 생각', '너무 튀는 생각'으로 보일 수 있어 오히려 이상한 사람으로 취급받을 수 있기 때문입니다.

컬래버 제품 찾아보기

오레오 x 블랙핑크, 카카오 x 하림 핫도그, 오뚜기 x 페리페라, 라보에이치 x 칠성
사이다, 더페이스샵 x 코카콜라, 곰표 x 팝콘, GS25 x 피자알볼로, 말랑카우 x 잘
풀리는집, 포테토칩 x 먹태깡, 짜파게티 x 양파링, 해태 고향만두 x 포테토칩

융합 상품 개발하기

- 집에서 융합 김밥 새로 만들어 가족과 함께 먹기

  ex) 명돈 김밥(명이나물 x 돈까스김밥), 돈묵 김밥(돈까스 x 묵은지김밥), 제육깻잎 김밥

- 집에서 융합 음식 만들기

  ex) 고수 듬뿍 잔치 국수, 묵은지 파스타, 스팸 돈부리

- 집에서 새로운 라면 만들기

  ex) 치즈 마라탕면, 불닭 짜장면, 고추장 크림 라면, 땅콩버터 라면

- 새로운 과자 만들어 과자 회사에 제안하기

  ex) 농심 매운 꿀꽈배기, 짜파링(양파링 x 짜파게티), 레모나 x 배스킨라빈스, 버
  터링 x 슈퍼콘, 빼빼로바, 박카스바, 샤구르트(샤인머스캣 x 야구르트), 오뚜기 순
  후추콘

- 새로운 치킨 아이디어를 대형 치킨 회사에 제안하기

  ex) 초코 치킨, 스테이크 소스 치킨, 유자 치킨, 두릅 치킨

- 새로운 피자 아이디어를 대형 피자 회사에 제안하기

  ex) 두릅 피자, 파 피자, 비건 피자, 아보카도 파프리카 피자

- 집에서 새로운 떡볶이 만들어 먹기

  ex) 마라 떡볶이, 파스타 x 떡볶이, 당면 x 떡볶이

- 한글과 영어, 숫자를 섞어 나만의 브랜드 만들어 반티/가족티 만들어 입기

  : ex) yesberry(yes+berry 과일을 융합해 긍정 열매라는 뜻), andy's 88, holly777

- 새로운 스포츠 만들어 보기: 피클볼, 라운드넷, 투투볼 등

  ex) 국가대표 드론 올림픽: 드론으로 물건 옮기는 릴레이 대결

- 딱지치기 월드컵, 바퀴 달린 의자 타고 계주 경기

- 캐릭터끼리 융합하기

  ex) 포켓몬 x 마리오, 카카오프렌즈 x 라인프렌즈, 산리오 x 헬로키티

합리성과 이해심을 기른다

앞으로 미래 사회는 '초갈등 사회'로 접어들 것입니다. 별거 아닌 일에 지나치게 예민해하고, 불편해하고, 조금이라도 마음에 안 들면 잘 잘못을 따지는 게 일상이 될 것입니다. 또, 내 이익이 훼손되기만 하면 충돌과 갈등이 잦아질 것입니다. 지금까지의 갈등은 예고편에 불과한 것이지요. 종교 갈등, 남녀 갈등, 청년과 노년층의 갈등, 지역 갈등, 국가 갈등, 진보와 보수 같은 정치 이념 갈등, 다문화 갈등, 다양성 갈등, 다문화 사회 속 외국인과 순수혈통 간의 갈등, 전통과 신개념의 갈등 등 수많은 갈등이 대기 중입니다. 이럴 때 필요한 것이 바로 조정 능력과 이해심입니다. 이를 위해서 나와 다른 의견을 받아들이는 합리성을 훈련해야 하는데요. 다양한 지식의 습득과 상대방의 입장이 되어보는 훈련을 통해 세상을 넓게 받아들일 수 있는 사람이 되어야 합니다.

1) 기본적인 법률 이해하기

세상은 내 상식, 내 감정, 내 몸의 방어를 위한 저항보다 법이 더 우

선시되는 공간입니다. '엥? 이게 말이 돼?', 무슨 법이 이래?'라는 생각이 드는 경우에도 법이 그러면 그런 겁니다. 가령, 누군가와 다투다가 상대의 팔만 잡아도 쌍방폭행이 성립될 수 있다는 걸 아나요? 구급대원이 취객에게 두들겨 맞다가 저지하려고 팔만 잡아도 쌍방폭행이 됩니다. 또, CCTV가 없다면 내가 일방적으로 맞았더라도, 상대방이 '나도 맞았어요' 하면 쌍방폭행 되는 것이 현실입니다. 그러니, 억울해도 어쩔 수 없는 게 세상의 법인만큼 기본적인 법을 알고 있어야 하고, 항상 사람과 싸우려 들기보다는, 도망가는 게 최선임을 명심해야 합니다. 혹시나 사람과 분쟁이 있을 것 같으면 내 목소리가 들어가는 녹음은 상대방 동의가 없어도 불법이 아니므로 통화 중이나 분쟁 시에 꼭 녹음을 습관화해야 합니다. 이러한 방어적 태도가 분쟁을 방지하고, 여러분의 억울함을 막아주는 중요한 습관임을 꼭 기억하기 바랍니다.

이렇듯 제가 여러분에게 기본상식이 될 만한 법을 공부해 놓으라는 것은 앞으로 여러분이 살아갈 세상은 정말 차갑기 때문입니다. 그렇기 때문에 기본적인 법을 이해하고, 법과 친해져 있어야 합니다. 여러분에게 변호사, 검사, 판사라는 꿈을 가지라는 게 아니라 앞으로 여러분이 만나게 될 억울함, 어이없는 상황을 미리 피할 수 있는 방법을 알고 있어야 합니다. 말도 안 되는 상황에 휘말려서 인생과 진로가 변경되는 경우가 상당히 많기 때문입니다. 이를 위해 가족 및 친구와 함께 '판사 놀이'를 해보기 바랍니다. 내가 판사라면 어떤 판결을 내릴지, 우리 주변의 억울한 사례와 실제 판결 사례를 보며 법의 중요성과 무서움을 느껴보는 것이죠.

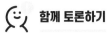

함께 토론하기

- 지하철이나 버스에서 억울하게 성추행 누명을 쓰는 상황이 생긴다면 어떻게 해야 할까?

- 음주 운전으로 채소 팔던 할머니를 치어 죽였는데 징역 3년이라면, 적절하다고 볼 수 있을까? 음주 운전자의 형량은 어느 정도가 적절할까? 음주 운전 2번이면 평생 면허 취소하자는 법안은 적절할까?

- 795억 원 전세 사기 '빌라왕'에게 징역 10년이면 충분할까?

- 사기꾼에게 공통적으로 보이는 특징은 무엇일까?

  ex) 돈 자랑을 한다, 말이 많다 등

- 촉법소년의 최소 나이, 몇 살부터로 정하는 게 좋을까?

- 사실을 말했는데도 '명예훼손'이 될 수 있다. 이 법은 왜 만들어진 걸까? 유지해야 할까?

- 결혼한 배우자가 외도를 해도 현재는 형사처벌이 불가능하다. 이 법은 왜 만들어진 걸까? 유지해야 할까?

- 낙태죄는 폐지되어야 할까, 아니면 유지되어야 할까?

- 인터넷 커뮤니티에서 타인을 욕하거나 실명을 언급하면 고소당할 수 있다. 이 법은 왜 만들어진 걸까? 유지해야 할까?

- '이게 사람이 할 짓이야?' 싶은 강력범죄에 대해서는 사형을 집행해야 할까, 아니면 사형제를 폐지해야 할까?

- 국회의원의 불체포 특권과 면책 특권은 유지해야 할까?

- 이혼 시 결혼 기간 5~10년에 따라 재산이나 연금을 30~50% 나눠야 한다. 이 법은 왜 만들어진 걸까? 기간이나 비율은 적절할까?

- 보이스피싱이나 스미싱을 억울하게 당하지 않으려면 평소에 무엇을 준비해야 할까?

2) 입장 바꿔 생각하기

세상에는 이상한 사람이 정말 많습니다. 까칠한 사람, 자기중심적인 사람, 무례한 사람, 은근히 갑질하는 사람 등 다양한 사람이 있습니다. 우리는 그럴 때 2가지만 기억하면 됩니다. 그런 사람들을 멀리하거나, 기술적으로 부드럽게 잘 넘어가는 것이죠.

다음 예시들을 통해 다양한 인간 군상을 경험해 보세요. 사람은 아름다운 존재이기도 하지만, 가끔은 어렵고 무서운 존재임을 놓쳐서는 안 됩니다. 이해심을 넓히는 가장 좋은 방법은 상대방의 입장이 되어보고, 감정을 이입해 보는 겁니다.

가령, 예의 없는 사람이 하는 행동을 직접 당해보고, 장애인의 입장이 되어 대중교통을 타보는 것, 억울한 사건을 겪었음에도 법의 도움을 받지 못하는 상황을 겪어본다면, 상대방의 입장이 '확~' 체감 될 거예요.

 서로 역할을 바꿔 생각해 보기

- 무례한 사람: 돈이나 카드를 던지는 사람, 반말하는 사람, '다른 곳은 되는데 여긴 왜 안 돼요?'라며 막무가내로 요구하는 사람, 알바가 어리다고 하대하는 사람, 공공장소에서 크게 통화하는 사람, 빵집에서 전시된 빵을 누르는 사람, 아이가 뛰어다니는데 말리지 않는 부모

- 뻔뻔한 사람: 이미 사용하고서 반품이나 교환을 요구하는 사람, 휴대폰을 하고 있다가 아이가 다치면 업장에 소리를 지르는 보호자, 지각한 뒤에 당당하게 노트 필기 보여 달라고 하는 사람

- 개념 없는 사람: 옆 테이블 신경 안 쓰고 고성방가하는 사람, 가정용 쓰레기를 공원 쓰레기통에 버리는 사람, 약속 시간에 늦었는데도 크게 미안해하지 않거나, 미안하다는 말 안 하는 사람

- 성희롱, 야한 농담 하는 사람: 외모 품평하는 사람, 넌지시 야한 농담 던지고 반응 기다리는 사람, 알바생에게 찝쩍대는 사람, 슬쩍 만지고 거부하면 그제서야 핑계 대는 사람
- 자영업 사장 입장: 맘카페(육아카페) 회원이라고 은근히 압박 주는 사람, 무조건 빨리빨리 달라고 하는 사람, 커피숍에서 하루 종일 앉아 있는 사람, 공짜 바라는 사람 ('넉넉히 주세요~ 이건 서비스죠?', '봉툿값 얼마나 한다고 돈 받냐'라고 하는 사람)
- 사회복지사, 복지 담당 공무원 입장: 잘 모른다, 안 보인다고 공무원에게 무조건 대신 써달라는 사람, 돈 없으니까 무조건 돈 달라고 하는 사람, 기초생활보장 수급자 탈락 후 공무원 협박하고 난동 부리는 사람
- 텔레마케터: 상담자에게 권한이 없는데도 전화로 명령하거나 욕하고 화내는 사람
- 내부 고발자: 조직 내 부조리와 잘못을 제보했음에도 배신자로 찍혀 왕따를 당하거나 퇴사하는 억울한 사람

3) 나누는 삶 살기

대학과 기업은 '당신은 살면서 어떤 좋은 일을 했나요?', '당신은 혼자만 잘되려 노력한 사람인가요?', '인성이 좋은 사람인가요?' 등을 늘 물어봅니다. 이것은 과거에도 그랬고, 앞으로도 계속될 것입니다. 그런데 면접관들은 이 사람이 거짓말로 답변을 하는지 진실한 답변을 하는지 다 알아본다고 합니다. 따라서 여러분의 답변이 거짓으로 오해받지 않으려면 평소에 사람들에게 관심을 가지고 도움을 주는 사람이 되어야 합니다.

 **작은 나눔 실천하기**

1) KBS 〈동행〉 시청하고 필요할 것 같은 물품 기부하기

2) 해피빈, 코인트리 등 기부 사이트 들어가 보고 1,000원씩 3회 후원하기

3) 전국 보육원 숫자 찾아보고 봉사 활동가기

4) 가족, 친구와 봉사하기

    ex) 연탄 봉사해 보기

    ex) 쓰레기 해양 청소 봉사해 보기

    ex) 노숙인 봉사해 보기

5) 다양한 기부 방법 찾아보기

    ex) 머리카락 기부, 재능 기부, 목소리 기부

4) 사람을 다각도로 바라보기

세상과 사람을 이해하기 위해선 단편적으로만 보는 게 아니라 다양한 각도에서 바라봐야 합니다. 가령 우리나라 역대 대통령에 대한 평가는 사람마다 다를 텐데요. 당시의 세계적인 시대 상황과 국민의 교육 수준, 국가 경제 상황 등을 고려하지 않고 지금의 상황과 수준에서 그때를 바라보는 것은 적절한 접근법이 아닙니다. 또한 '왜 그럴 수밖에 없었을까', '왜 저런 말을 했을까'를 그 사람의 관점에서 생각해 보고, 또 정반대의 관점도 되어보며 여러 각도에서 생각해야 합니다. 이처럼 사람을 평가할 때 양쪽에서 합리적으로 바라보고, 그러한 결정의 원인과 이유를 여러 각도에서 살펴보는 것이 중요합니다.

제가 이렇게 다각도로, 입체적으로 바라보라고 강조하는 이유는 기업이 '합리적 비판자', '입체적 사고자'를 채용하고 있기 때문입니다.

돈을 벌기 위해서는 기존의 통념을 깨뜨리고, 틈을 비집기 위한 비판 능력을 갖춰야 하며 합리적인 의사결정을 해야 합니다. 합리성을 가지기 위해서는 양쪽의 사안을 온전히 수용해 보고, 경청해야 하며, 그 관점이 되어봐야 하는데요, 이 과정에서 나의 각진 의견이 점차 동그랗게 깎이면서 둥글둥글 유연함과 합리성을 가진 사람이 되는 겁니다. 다음 미션을 통해 여러 각도에서 사람과 세상을 바라보며, 중립적으로 평가하는 훈련을 하기를 바랍니다.

 생각 정리하기

다음은 한국 사회에 퍼져 있는 여러 가지 현상입니다. 무조건 좋다, 나쁘다 판단할 수 없지만 '행복한 삶'을 위해 한 번쯤 생각해 보면 좋은 문제입니다. 각 사회 현상에 대해 알아보고 이에 관한 자신의 생각을 정리해 보세요.

- 평균 올려치기 문화: 상위 30% 이내의 수치를 평균값으로 호도해 패배감과 박탈감 조성
- 비교 문화: 끊임없이 남과 비교하며 나를 평가하는 풍토
- 체면 중시 문화: 남들의 시선을 의식해 비합리적인 의사 결정을 함
- 일등 주의: 1등 아니면 의미 없다고 생각함
- 물질만능주의: '돈이 최고다'라고 생각하며 돈이 없으면 불행하다고 생각함
- 훈수 문화: 가만히 잘하는 사람에게 굳이 조언을 가장한 비판과 훈수를 둠
- 전체주의, 집단주의: 국가와 단체를 위한 희생을 강요함 혹은 다수와 다르다는 이유로 소수를 비난함
- 냄비 근성: 금방 좋아했다가 금방 식어버림
- 과정보다 결과를 중요시하는 문화: 결과를 위해선 불공정한 과정도 묵인
- 마마걸, 마마보이 문화: 자녀가 성인이 되어서도 정서적, 경제적으로 독립하지 못함

- 편 가르기 문화: 남녀 갈등, 세대 갈등, 종교 갈등, 지역 갈등 유발

- 군대식 서열문화: 의견을 제시하지 못하고 비합리적인 요구에도 따라야 함

노력의 기준점을 높인다

옆에서 누가 "와, 너 그러다 쓰러지겠어~", "왜 이렇게 열심히 해?", "이게 그렇게 좋아? 재밌어?"라는 말을 들을 정도로 치열하게 해보세요. 정말로 진로 역량을 기르는 최고의 방법은 '딱 한 번만 치열하게 해보는 것'입니다. 누가 봐도 혀를 내두를 정도로 열심히 딱 한 번만 해보면 다음에도 그만큼 하게 되는 '노력의 기준점'이 높아지기 때문입니다.

가령, 50점을 맞던 사람이 노력을 통해 70점을 맞게 되면, 그 사람의 다음 기준점은 얼마가 될까요? 당연히 70점입니다. 독서실에서 10시에 퇴실하던 사람이 12시에 퇴실하면, 그 사람의 다음 기준점은 얼마가 될

까요? 12시가 기본이고 적어도 10시 반 이후가 될 것입니다. 또, 장학금을 못 받다가, 장학금을 받게 되면 그 사람은 다음에 장학금을 또 받고 싶을 겁니다.

이처럼 여러분이 할 일은 그저 딱 한 번만 자신의 한계를 넘어서 보는 것입니다. 그럼 나도 모르게 노력의 기준점이 앞당겨져서 앞으로 여러분은 최소한 그것은 해야 하는 사람으로 바뀌게 됩니다. 정말 인생에서 딱 한 번만 혀를 내두를 정도로 해보기를 바랍니다. 그 한 번의 경험으로 인해 인생이 정말 바뀔 거예요.

 미션

1) 대회에 참가해 입선을 받아보기(뛰지 않고 걸어도 되니 3km 마라톤에 참여하기, OO 대회에 나가서 누구나 받는 입선 받기, 디자인 공모전이나 표어 공모전에 나가서 수상하지 못하더라도 계속 제출하고 그 포트폴리오를 SNS에 올려 사람들로부터 하트와 댓글 받기)

2) 딱 한 번만, 아침에 1등으로 반에 도착해 보기('다음에 또 1등으로 가볼까?'라는 생각이 듦)

3) 딱 한 번만, 독서실에서 꼴찌로 퇴실해 보기(마지막까지 남아서 공부하는 뿌듯함을 느끼게 됨)

4) 주위 사람 3명에게서 "갑자기 왜 이렇게 열심히 해?"라는 소리 꼭 들어보기

팀의 팀원으로서 역할을 수행한다

"여러분, 팀을 만드세요!" 아니면 이미 만들어진 팀에 들어가 보세요. 그러면 여러분의 성장 속도는 2배, 3배, 아니, 10배는 더 빨라질 겁

니다." 이것은 제가 현장에서 말하는 성장 꿀팁 중 하나인데요, 제가 팀에 들어가라고 말하는 이유는 크게 3가지입니다.

첫째, 팀이라는 버스에 올라타면 힘들이지 않고 목적지에 갈 수 있습니다. 내가 실력이 부족하더라도 팀이 성과물을 만들어 내면, 내가 한 것과 동일한 효과를 누릴 수 있습니다. 실제로 외국에서는 초중고 시절부터 스포츠, 학교 행사 참여를 많이 하도록 권유하는데요. 한 팀으로서 뭔가를 같이 만들어내고, 성취한 경험이 많으면 취업한 뒤에도 팀원으로서 훌륭하게 역할을 수행할 거라 보기 때문입니다. 가령, 여러분이 주전선수가 아니어도 큰 목소리로 응원하고, 스태프로 농구장을 예약하는 것만으로도 성공한 그룹의 일원으로 인정받을 수 있고, 스스로 뿌듯함을 느끼게 됩니다. 또, 1분만 뛰는 후보 선수 일지라도 경기에 뛰기만하면 됩니다. 그렇게 팀이 승리하면, 내가 크게 이바지한 것 같은 기분이 들고, 팀으로써 성공하는 횟수가 반복되면 나의 자존감도 높아지게 됩니다.

둘째, 나보다 나은 사람들의 생각, 행동, 연습 방식을 보다 보면 내 실력이 더 빨리, '꽉꽉!' 늘어나게 됩니다. 특히, 여러분이 속한 그룹에 고수들이나 상위권 친구들이 있다면 나도 모르게 그들을 따라 하게 됩니다. 예를 들어 여러분이 유튜브를 보고 혼자 농구를 하는 것과, 전문 농구부 선수들과 함께 훈련하는 것 중 어느 쪽이 더 실력 향상에 도움이 될까요? 당연히 후자입니다. 공부와 재테크도 마찬가지입니다. 같은 방향을 향하는 사람들과 팀을 이뤄 함께 나아가면, 멀리 갈 수 있고, 오래 갈 수 있습니다. 함께하는 것만으로도 여러분은 포기하지 않게 되고, 남들 놀 때 한 번이라도 더 하게 되며, 그들이 사용하는 효율적인 방법을 그대로 흡수하게 되어 빠르게 성장할 수 있습니다.

셋째, 기업과 대학이 '팀 프로젝트 경험', '팀워크 경험'을 요구하고 있기 때문입니다. 결국 기업은 여러 사람이 모여 하나의 팀, 즉 기획팀, 회계팀, 마케팅팀 등으로 나뉘고, 서로 유기적으로 연결하면서 돈을 버는 사람들입니다. 당연히 팀 활동이 많은 사람, 동료와 잘 어울리는 사회성을 가진 사람, 성격이 유연한 사람, 다양한 경험으로 팀의 확장성을 가져올 사람을 선호하겠지요?

 미션

- 매일 일찍 일어나는 기상 단톡방에 참여하기
- 온라인 출석 스터디 모임에 들어가서 CREW가 되어 출석 도장 매일 찍기
- 청소년 교내외 행사에 '팀'으로 참여하기
  ex) 학교 축제 기획단, 교외 청소년 서포터즈(응원단) 등에 신청하고 참여하기
- 뮤지컬, 합창단, 교회 성가대에서 하나의 파트에 참여해 공연해 보기
- 스포츠팀에 들어가 선수, 스태프, 서포터, 응원단 중 하나로 참여해 성취를 느끼기
- 혼자 스포츠를 시청하지 말고, 해당 종목 온라인 카페, 단톡방, 동아리에 참가해 함께 시청하기
- 능력 있는 친구들을 모으고 팀을 조직해서 여러 공모전에 도전하기
- 성인 독서 모임, 단톡방에 들어가서 눈 딱 감고 그곳에서 추천하는 책 다 읽어 보기

스스로 돈을 벌어본다

"쌤, 저 부자가 되고 싶어요." 저는 이 말을 참 좋아합니다. 돈을 버는 과정에서 철이 많이 들고, 여러 시행착오를 통해 일머리가 팍팍 생기기 때문입니다. 그래서 여러분께도, 스스로 돈을 벌어보는 걸 강력히 추천합니다. '와! 하루 만에 10만 원이나 벌었어! 오예! 내일은 20만 원 벌리지 않을까?' 이렇게 돈을 통해 '삶의 동기부여와 목표'가 자연스레 생기게 됩니다. 또, 돈을 벌고 싶어지니, 진상 손님이 와도 인내심과 사회성이 길러지고, 더위와 추위도 이겨내는 끈기, 사람을 끌어모으는 말하기 능력, 다른 곳과 차별화를 고민하는 습관도 자연스레 생기게 됩니다. 그런 점에서, 아래 예시를 통해 딱 한 번만 돈을 벌어보세요. 혼자 해도 되고, 친구와 해도 되고, 온 가족이 함께해도 됩니다. 그리고 번 돈을 아끼지 말고, 본인이 원하는 물건을 사보세요. 돈을 써봐야, 돈의 맛을 알게 될 테니까요.

 유튜브로 돈 벌어보기

- 유튜브 쇼츠: 연예인 OO 순위, 연예인 순위 정보, 연예인 뉴스 만들기
- 유튜브 시니어: 3~7세 유아 놀이를 치매 예방 혹은 시니어 놀이라고 해서 콘텐츠로 만들기, 시니어 정보 채널, 건강 채널을 만들어서 콘텐츠 만들기
- 유튜브 종교: 여러분이 종교가 있다면, 종교의 가르침을 영어 콘텐츠로 만들기
- 유튜브 철학: 저작권이 자유로운 동서양 철학자의 사상을 콘텐츠로 만들기
  ex) 공자, 맹자, 명심보감, 탈무드, 명언, 불경, 성경, 논어 등
- 유튜브 독서·글귀·명언 채널: 베스트셀러, 스테디셀러 속 좋은 글귀로 콘텐츠 제작하기

- 유튜브 사연 채널: 좋은 사연이나 따뜻한 사연을 각색해서 영상 올리기

- 유튜브 '국뽕' 채널: 스포츠, 연예, 국위 선양 등 '자긍심'을 주제로 한 콘텐츠 만들기

- 기타 채널 만들기: 영화·드라마 리뷰 채널, 스포츠 리뷰 채널, K-POP 소식 채널, 풍경·힐링 채널, 수면 채널, 10대 전문 채널, 큐레이팅 음악 채널, 자연 및 야생동물 채널, 미술 드로잉 채널, ASMR 채널, 요리·베이킹 채널

- AI 툴 활용하기: 유튜브 대본 만들기, 이미지 제작하기

  ex) '미드저니' 프로그램으로 AI 생성 이미지 만들기

오프라인으로 돈 벌어보기

- 우리 '동네'에서 돈 잘 버는 맛집에 가서 먹어보고, 매출과 순이익 얼마일지 분석하기

- 우리 '지역' 매출 상위권 맛집에 방문해 매출과 순이익 얼마일지 분석하기

  ex) 테이블 개수x가격, 직원 인건비, 재료 원가, 시간당 평균 매출 계산해 보기

- (부모님 동의하에) 학생 신분으로 근로해 보기: 새벽 신문 배달, 편의점, 패스트 푸드 프랜차이즈, 식당 등

- 부모님과 함께 사업자 등록증 내고, 온라인 위탁판매를 하면서 사업의 프로세스 익혀보기(위탁판매는 큰돈은 못 벌더라도 유통과 온라인 사업을 이해하는 데 도움이 되니 한 번쯤 도전하는 것은 좋습니다. 하지만, 많은 돈을 벌 확률이 낮으니, 오래는 하지 마세요)

- 해외 구매대행: 부모님, 친구네 가족과 함께 현지에서 직접 물건 가져오기

- 당근마켓으로 안 쓰고 방치된 있는 물건 팔고 종잣돈 마련하기

- 주식 투자해 보기 + 무료로 키움증권 모의투자 대회 도전하기

실행력을 기른다

보통 사람에게 가장 강력한 무기는 '바로바로 하는 실행력'입니다. 공부머리가 없어도, 집안의 재산이 많지 않아도, 뛰어난 예체능 능력이 없어도 뭐든 바로바로 하는 '실행력'을 가진 사람은 중간 이상은 가기 때문입니다. 실제로 우리 주변의 '서민 갑부'들은 실행력이 좋은 사람들이 대부분입니다. 이 실행력을 높이려면 아래 2가지가 필요합니다.

1) 생각 안 하고, 바로 하는 습관

몸짱 배우 권상우, 정지훈 씨가 공통으로 말하는 운동 비법이 있습니다. '생각하지 말고, 바로 헬스장으로 가세요'입니다. 아침에 일어나 멍한 상태, 잠이 덜 깬 상태에서 이것저것 생각하지 말고, 그냥 바로 가라는 것이죠. 수십 년을 운동만 한 그들도 '그냥 가는 것' 외에는 방법이 없다고 말합니다. 그런데 우리는 왜 이리 특별한 방법을 찾으려 할까요? 가끔 어떤 어른들은 뭔가를 할 때 생각하고 하라고 하는데요, 그건 하고 나서 생각해도 되고, 하면서 동시에 생각해도 됩니다. 우리는 테슬라의 일론 머스크 같은 사업가도 아니고, 뛰어난 실행력을 가진 '재능러'가 아니기에 우선 생각하지 말고, 바로 하는 게 제일 중요합니다. 여러분께 부탁하고 싶습니다. 그냥 하세요. 제발 뭐든 바로 하세요. 말로만 하지 말고, 행동으로 보여주세요.

2) 동기부여와 환경 설정

'이대로 가면 큰일 난다!!'라는 위기의식과 공포감을 반드시 느껴보길 바랍니다. 위기의식이 가장 큰 동기부여가 되기 때문입니다. 물론,

미래에 얻게 될 돈, 성취, 명예, 안정된 삶을 상상해 보는 것도 좋습니다. 그러다 보면 욕심이 생겨서 미루지 않고 바로 행동할 수 있으니까요. 또 환경도 설정하기를 바랍니다. 가령, 휴대폰 중독이라면 아예 휴대폰을 꺼버리는 것이 좋습니다. 휴대폰을 하고 싶어서 켜게 되면 죄책감도 들고, 키다가 다시 꺼버릴 수도 있습니다. 이 외에도 온오프라인 모임에 들어가 누군가와 함께하는 것도 미루지 않게 도와주는 환경 설정입니다.

또 다른 방법으로 '선포하기'가 있습니다. '나는 독서실에서 맨 마지막에 퇴실하는 사람이야', '나는 채식하는 사람이야'라는 식으로 주위에 선포해 보세요. 말을 지키기 위해서라도 행동하는 내가 되고, 그로 인해 성취감이 쌓여서 습관으로 이어지게 됩니다.

나는 맨 마지막에 퇴실하는 사람이다!

통찰력을 기른다

저는 통찰력이 좋다는 말을 많이 듣는 편입니다. 뭔가를 꿰뚫어 보고, 연결시키는 능력이 뛰어나다는 뜻입니다. 이 능력은 선천적인 요소도 있지만, 후천적인 훈련을 통해 발달한 부분이 훨씬 큽니다. 다음의

3가지 훈련을 통해 여러분도 통찰력을 키워보길 바랍니다.

1) 숨은 의미 찾기

아이유의 〈love wins all〉 뮤직비디오의 숨겨진 의미가 무엇인지 살펴보는 거예요. 아이유와 BTS 정국이 연기할 때 나오는 큐브의 의미는 무엇인지, 증오와 혐오, 그리고 사랑에 대한 표현은 어떻게 하는지를 혼자 해석해 보는 거예요. 그리고 중요한 게 있는데요, 저처럼 깊이 있게 해석한 사람들의 유튜브나 블로그를 찾아보는 겁니다. 그럼 내가 놓친 숨은 의미를 그들로부터 추가로 발견하게 되어, 저의 통찰력은 더 풍성해집니다. 이렇게 영화, 다큐, 책, 유튜브 등을 보면서 감독의 의도가 뭔지, 숨겨진 복선은 무엇이고 주제는 무엇인지를 생각하며 이면을 살펴보는 훈련을 해보세요.

2) 좋은 글과 영상 많이 보기

여기서 말하는 좋은 글이란, '생각할 거리'가 많은 글입니다. 글을 읽다가 잠시 멈춰서 생각하게 만드는 글과 문장인 거지요. 저는 좋은 책, 종이 신문, 웹툰을 즐겨 읽었고, 유튜브도 책이라 생각하며 많이 시청했습니다. 그런데 여기에 저만의 꿀팁이 있습니다. 바로, 댓글도 읽는 것입니다. 향기 나는 꽃에는 꿀벌이 모이듯, 좋은 글과 좋은 콘텐츠에는 생각이 깊은 사람들이 모이기 마련입니다. 그래서 저는 웹툰, 유튜브, 커뮤니티 글을 보더라도 좋은 콘텐츠를 발견하면 꼭 댓글까지 읽습니다. 좋은 콘텐츠를 만든 창작자뿐 아니라, 자신의 생각을 말하는 '댓글' 속에도 지혜가 정말 많기 때문입니다. 가령, 웹툰 〈미생〉을 보고 나서, 그 내용을 뛰어나게 해석한 글을 꼭 찾아 읽었습니다. 유튜브에서 봉준호 감독의 영화 해석 콘텐츠를 보고, 추가로 댓글에 있는 여러 해석을 곱씹었습니다. 이렇듯 좋은 글, 좋은 책, 그 책을 읽는 독자들의 생각까지 흡수하면 나의 통찰력은 쑥쑥 자라나게 됩니다.

3) 구조 파악하는 훈련하기

눈앞에 어떤 상품이나 사물이 보이면 그것을 누가 만들었는지, 또 어떻게 만들었는지를 생각합니다. 예를 들어, 비비의 〈밤양갱〉 노래를 들었다면, '누가 작곡했지?' 하며 검색해 봅니다. '어? 장기하? 그래서 노래가 신선하고 독특했구나!' 그다음에는 장기하가 어떻게 노래를 만들었는지 찾아봅니다. '아, 왈츠 리듬으로 만들었구나', '아, 화려한 음식이 아닌, 소소한 밤양갱 하나를 소박한 사랑의 기억으로 표현한 거구나!' 이런 식으로 작곡가의 작업 방식을 이해하게 됩니다. 이런 식의 경험이 반복되면 음악을 듣다가도 '이거 왠지 SM 느낌인데, 이거 하이브 느낌인데, 이거 YG 느낌인데, 이거 JYP 느낌인데?' 이런 식으로 자연스럽게 감을 잡을 수 있습니다.

또한, 화장품을 바르다가도 '이건 누가 만들었지?' 하고 바로 검색해보는 습관이 생겼습니다. 그럼, 그 제조사를 알게 되고, 회사에 대해 공부해 봅니다. 이런 화장품 회사의 매출은 얼마인지 검색도 해보고, 어떻게 만드는지 해당 회사나 동종업계 회사의 브이로그 등을 찾아봅니다. '아, 식약청 허가는 이런 게 필요하구나', '최소 수량은 이 정도구나', 'OEM과 ODM은 이렇게 하는구나', '화장품 사업이 창업하기는 쉬운데, 파는 게 어려운 마케팅 싸움이구나', '와~ 마진율이 이렇게 높구나' 등 화장품 회사의 운영 원리와 구조를 파악하는 겁니다. 이런 걸 몇 번 반복하다 보면 대한민국의 웬만한 사업 구조가 대충 그려져 창업 역량이 쑥쑥 자라나게 됩니다.

 미션

- 영화 〈트루먼 쇼〉, 〈인셉션〉을 시청하고 해석 영상 찾아보기
- 이어령 교수의 책 3권 읽고 좋은 문장에 밑줄 치기
- 종이신문을 처음부터 끝까지 읽기
- 유튜브에서 봉준호 감독 영화 해석 콘텐츠를 보고 댓글도 읽기
- 자주 마시는 음료의 제조원을 찾아보고 그 회사 홈페이지 둘러보기
- 올리브영에서 제조원과 판매원이 같은 회사의 제품 찾기
- 청소대행업체는 어떻게 영업하는지, 필요한 장비는 무엇인지 등 검색하고 월 수입은 얼마일지 예측하기

진로 역량을 융복합하자

축구선수 손흥민 선수의 장점이 뭐라고 생각하나요? 골 결정력과 양발 슈팅 능력이요? 빠른 속도요? 다 정답이지만 손흥민 선수의 가장 큰 장점은 준수한 수비력과 패스 능력을 포함한 '멀티 포지션'이 가능하다는 점입니다. 이른바 올라운더, 멀티 플레이어, 멀티 인재죠. 손흥민은 최전방 공격수, 왼쪽 윙어, 미드필더까지 어떤 포지션에서도 제 몫을 해내는 멀티형 선수입니다. 공격수이지만 수비 능력도 괜찮은 수준이고요. 경기장 어디에서도 역할을 잘 해내니, 감독들에게 1순위 선수인 겁니다.

NBA 농구에서도 '니콜라 요키치'라는 선수는 키가 큰 센터임에도 불구하고 키가 작은 가드의 역할까지 수행하며 NBA의 전통적인 역할을 바꾸고 있습니다. 골도 잘 넣고, 패스와 수비도 잘하는 선수이기 때문입니다. 더군다나 3점 슛까지 잘 쏴서 다른 센터 선수들도 이제 3점 슛을 잘 쏘지 않으면 생존이 어려운 상황이 되었습니다. 이른바 전통적인 역할의 경계가 무너지고 여러 역할을 동시에 하는 융복합 시대가 된 겁니다.

말 그대로, 시대가 완전히 바뀌었습니다. 하나만 잘하는 사람이 아닌 여러 개를 잘하는 멀티형 인재가 주목받는 시대로 진입했습니다. 하나만 잘하는 전문성도 중요하지만, 그 수준의 전문가는 소수만 될 수 있기에, 여러 능력을 복합적으로 가지는 사람이 되어야 하는 겁니다. 이것은 세상과 기업이 공통으로 원하는 시대적 흐름입니다. 마치, 전 세계에서 저출산 현상이 심화되는 것처럼, 세상이 멀티 인재를 원하는 것 역시 세계적 흐름입니다. 결국, 여러분은 이 책에 나온 여러 진로 역량 중에서 나에게 맞는 몇 가지 능력을 골고루 발전시켜야 합니다.

다시 한번 강조하지만, 여러분이 이 모든 능력을 A등급(최상위권)으로 끌어올릴 필요는 없습니다. 보통 이상만 하면 괜찮은 인재가 되는 만큼 그저 스트레스 없이 꾸준히 향상하는 것에만 집중하면 좋겠습니다. 화술이요? 친구들과 대화를 많이 하면 됩니다. 센스요? 상대방에게 필요한 게 뭔지를 눈치로 잘 살피고 그걸 빨리 해결해 주면 됩니다. 디자인이요? 잘 만들어진 공익 포스터를 한 번만 똑같이 따라 그려보세요. 그걸 몇 번 반복하면 됩니다. 이런 식으로 놀이처럼 해보면 중간 이상의 능력은 부담스럽지 않게 가질 수 있으니, 어떤 것을 장착해서 멀티 인재가 될 건지만 스스로 잘 결정하기를 바랍니다. 그럼, 여러분은 기업이 필요한 '멀티 인재', '경력 같은 신입'의 범주에 들어가서 영입 1순위 인재가 될 수 있습니다.

말빨	일센스/일머리	돈센스/돈머리	디자인 능력
A B ↑ C D	A B ↑ C D	A B ↑ C D	A B ↑ C D

공부 능력	꾸준하기	둥근 성격	운동신경
A B ↑ C D	A B ↑ C D	A B ↑ C D	A B ↑ C D

세 번째 공부,

학업

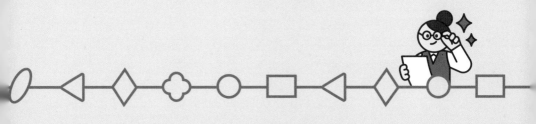

이미 학교 공부를
잘하고 있다면?

만약 본인의 학교 성적이 좋은 편이라면 하던 대로 공부를 잘하면 됩니다. '이제는 공부가 중요한 시대가 아니야~'라고 하는 사람의 말은 한 귀로 흘려듣고 그 사람을 멀리하세요. 공부를 잘하면 옛날이나 지금이나 똑같이 좋고, 미래에도 좋습니다. 특히 마이스터(장인)의 나라 독일의 대학 진학률이 해마다 계속 증가하고 있다는 사실을 가슴에 새겨야 합니다. 세계적으로 4차 산업 관련 대졸자들이 높은 연봉과 더 많은 취업 기회를 획득하고 있습니다.

그러니, 공부를 못해도 된다는 일부 어른들의 달콤한 위로에 속으면 안 됩니다. 똑같은 군인, 경찰일지라도 육사와 경찰대를 나온 사람과 일반 시험을 통과한 사람은 시작점과 최종 계급이 완전히 다른 게 현실입니다. 여러분은 이미 성적 우수자로서 다른 친구들보다 취업 안정성이 높으니, 흔들리지 말고 계속 공부를 잘하기를 바라요.

단, 공부를 잘하면서도 다음 3가지를 특히 겸비하기를 바랍니다. 여러분은 대학이 원하는 학업 역량을 이미 보유했으니 '공동체 역량'과 '진로 역량'만 발전시키면 됩니다.

타인을 존중하는 마음 갖기

　공부를 잘한다고 다른 사람을 무시하면 안 됩니다. 공부를 잘하는 것은 취업과 창업에 있어, 하나의 유리한 수단일 뿐이지 '나는 공부를 잘하니, 나보다 못하는 사람은 다 내 아래야'라고 생각하면 안 됩니다. 간혹 좋은 직업을 가졌다고, 돈을 많이 번다고, 집안에 빵빵한 사람이 많다며 사람을 하대하는 사례들을 뉴스에서 볼 때가 있는데요, 여러분은 절대로 그러면 안 됩니다. 여러분이 아무리 잘 나도, 세상 사람들은 서로서로 대신해서 공생하는 존재입니다.

　누군가 여러분 대신 쓰레기를 줍고, 잔디를 깎고, 농사를 지어 쌀을 생산하기도 하며, 나 대신 간병을 해줄 수도, 화장실 변기가 막힌 걸 뚫어줄 수도 있고, 정화조를 청소해 주고, 음식을 배달해 주기도 합니다. 이 사람들이 있기에 사회가 톱니바퀴처럼 돌아가고, 세상이 경영되는 겁니다. 그게 사회가 돌아가는 원리인 만큼, 여러분은 절대로 누군가를 무시해서는 안 됩니다.

봉사하며 나누는 마음 갖기

　지금 세계는 엘리트들에게 'ESG(Environmental, Social, Government)'를 요구하고 있습니다. 특히 'Social'이라는 사회적 책무를 다하라고 요구하고 있는데요. 실제로 명문대 입시와 취업 면접장에서 중요한 요소 중 하나가 바로 '봉사'입니다. 쉽게 말해, 공부뿐 아니라 공부 외적인 인성 부분, 특히 봉사와 나눔의 가치를 잘 실현하는 사람을 뽑고 있습니다. 여러분의 목표인 기업이나 대학이 인성 좋은 사람을 뽑고 있다면? 봉사와 나눔의 가치를 실현하는 사람이 되어야 합니다.

다양성을 포용하는 열린 마음 갖기

앞으로 세상은 '다양성'의 시대가 될 것입니다. 다양한 외국인이 이민 올 것이고, 남녀, 정치, 종교 갈등도 더 증가할 것입니다. 그러다 보니 세상은 여러분에게 다양성에 대한 존중과 이해의 태도를 요구하게 될 거예요. 솔직히 쉽지 않습니다. "저 사람들은 왜 우리나라에 왔는데도 자기네 종교 문화를 우리나라에서 강요하지? 우리나라에 왔으면 우리나라에 맞춰야지? 우리가 왜 북한과 통일해야 하죠? 왜 남자만 군대에 가야 하죠? 왜 여자는 경력 단절 1순위가 되어야 하죠?" 등 해결하기 어려운 갈등이 너무 많습니다. 그럼에도 여러분은 다양성을 존중해야 하며, 열린 마음으로 이해해야 합니다. 그렇지 않으면 다양성을 요구하는 대학과 기업에 합격하기 어렵습니다.

성적이 애매하다면
'영어'에 집중하자

저는 공부가 애매한 학생들에게 '영어를 잘하도록 노력하세요'라고 강조합니다. 공부 성적이 남에게 밀리더라도, 영어를 잘하면 부족한 성적을 메꿀 수 있기 때문입니다. 누군가는 "쌤, 구글이랑 파파고 번역기가 엄청 좋아요! 챗GPT도 엄청 좋고, 이제 휴대폰이 알아서 완벽하게 통역해 줘요"라고 할 수 있는데요, 맞습니다. 앞으로 10년만 있어도 인공지능 번역기, 통역기의 수준이 확 올라갈 것이고, 대중화도 되어서 휴대폰만 들고 있으면 외국인과 무리 없이 소통할 수 있을 겁니다. 하지만, 세상은 기계를 잘 활용하는 사람을 넘어서 본연의 능력이 없는 사람은 여전히 뽑지 않을 것이라는 게 인사 담당자들의 중론입니다.

제가 현실적으로 영어를 잘해야 한다고 하는 데는 3가지 이유가 있습니다.

첫째, 영어가 '인생보험'의 역할을 한다

앞으로 여러분은 국내 취업이나 해외 취업 중에 선택을 해야 합니다. 또한, 한국회사에 입사해도 내수경제가 어렵다 보니, '해외 업무'를 담당할 확률이 높고, 좋은 직장에 들어가기 위해서라도 영어는 필수 검증 사항입니다. 만일, 국내 취업이 어려워 해외로 취업을 하기 위해서라도, 또 해외로 이민하는 경우에도 영어 시험을 통과해야 합니다. 그러니 영어가 일종의 '보험' 역할을 할 수 있으니 영어를 잘 공부해 두는 게 좋습니다.

둘째, 영어는 가성비가 좋다

어릴 때 독서와 토론, 일기 쓰기 등을 통해 문해력을 잡아두지 않으면, 국어는 성적 향상이 매우 어렵습니다. 입시 학원가에서 '집을 팔아도 국어 성적을 올리는 것은 거의 '불가능하다'라는 말이 있을 정도입니다. 하지만 영어는 다른 과목에 비해 성적 향상이 수월합니다. 암기와 반복만 하면 성적 향상이 뚜렷하기 때문에, 선배들이 초중고 초반에 영어를 집중적으로 공부하며, 남은 시간에는 수학과 과학, 그리고 다른 전략 과목에 집중하는 겁니다. 여러분도 꼭 영어 공부에 집중해 보기 바랍니다.

셋째, 영어를 잘하면 부족한 학벌을 메꿀 수 있다

원하는 대학을 못 갔더라도 영어를 잘하면 학벌의 부족함이 메꿔지고, 취업이 술술 풀리는 현상은 앞으로도 유지될 것입니다. 예를 들어 지방사립대, 공대 출신, 2점대의 학점임에도 영어 하나만 잘하면 대기업과 중견기업에 기술 영업 직무로 수월하게 들어갈 수 있습니다. '에

이~ 그게 말이 돼?'라고 해도 믿지 말고, 영어 하나만 잘하면 취업에 유리하다는 사실을 꼭 알기 바랍니다.

　　여기서 중요한 것은 영어를 '간단한 의사소통' 가능 수준을 넘어서 '잘' 해야 한다는 것입니다. "저 토익 800점 넘는데요?", "저 외국 나가서 길 물어볼 수준은 되는데요?"도 박수받을 수준이지만, 기업은 그보다 조금 더 잘하는 사람을 원하고 있습니다. 가령, 영어로 회사 제품을 설명하고 영업할 수 있는 사람, 영어 회의가 진행될 때 공손한 영어를 말할 수 있는 사람, 회의 내용이 이해되는 사람, 해외 출장에 가서 혼자서 업무를 보고 올 수 있는 사람이면 됩니다. 이것은 원어민 정도의 높은 수준을 말하는 게 아닙니다. 그저 중상위~상급 정도의 영어 실력을 말하는 겁니다. 물론, 나중에는 점점 영어 실력을 높여서 원어민만큼 잘하면 당연히 더 좋습니다. 하지만, 초기에는 그 정도는 아니어도 되니 영어를 중상위권으로 올리는 데 집중해 보세요. 수학보다 훨씬 올리기 쉬운 게 영어 실력이니 꼭 영어 하나만 격파해 봅시다. 특히, AI와 코딩의 시대로 흘러가고 있는 만큼, '영어를 통해' 얼마나 수월하게 AI와 코딩프로그램에 명령을 내리느냐가 핵심임을 꼭 기억하기를 바랍니다.

미션

1) 유튜브에서 챗GPT로 영어 공부하는 영상을 찾아보고 실제로 해보기

2) 하루 날 잡고 영어로 된 드라마 시리즈 정주행하기

3) 가족들과 함께 국내 'WWOOF (우프코리아)'에 참여해서 외국인과 영어로 대화하고 일 해보기

낮은 성적을 올리는 5가지 방법

공부에 흥미가 없는 건 아니지만, 그렇다고 성적이 썩 훌륭하지 않을 수 있습니다. 막연히 '열심히 해야지' 하는 생각만으로는 성적을 올리기 어렵습니다. 중위권 혹은 하위권 친구들이 성적을 올릴 수 있는 5가지 방법에 대해 알려드릴게요.

첫째, 공부가 아닌 '의자에 오래 앉아 있기'를 목표로 한다

여러분이 게임을 할 때 자리를 계속 옮기고, 수시로 화장실을 가고, 갑자기 다른 걸 하나요? 그렇지 않을 거예요. 아마 여러분은 30분, 1시간, 2시간 동안 미동도 없이 휴대폰을 쥐거나 컴퓨터 앞에 앉아 있을 겁니다. 마찬가지로 공부를 잘하려면 게임과 똑같이 해야 합니다. 그저 의자에 오래 앉아 있으면 되는 겁니다. 성적이 저조한 학생들의 공통점은 '의자에 앉아 있는 시간이 절대적으로 적다'는 겁니다. 실제로, 공부법 전문가들과 이야기를 해보면 성적 향상의 가장 기초는 바로 '의자에 앉아 있는 시간 늘리기'라고 합니다. 그러니 여러분은 이제부터

'공부 안 해도 좋으니, 의자에 오래 앉아 있기'만 하면 됩니다. "오늘 내 목표는 공부 안 해도 좋으니 1시간 동안 다른 것 안 하고, 다리도 안 꼬고, 자세 안 바꾸고 정자세로 앉아만 있자!"만 기억하기를 바랍니다.

둘째, 공부 방해 환경을 철저히 차단한다

공부를 방해하는 요소를 눈앞에서 치우는 것만으로도 집중력이 올라갑니다. 내 주변에 어떤 것들이 있는지 살펴보고, 공부하기 좋은 환경을 만들기 위해 어떻게 하는 게 좋을지 생각해 봅시다.

 미션

1) 휴대폰 멀리 두기 (눈에 보이지 않게 하기), 시간 확인도 아날로그 시계로 하기

2) 음악 듣지 말기, 공부 잘되는 배경음악이라는 허상 믿지 말기

3) 어쩔 수 없이 들어야 한다면 '클래식, 메트로놈 40, 자연소리'만 아주 작게 듣기

4) 화장실 미리 다녀오기

5) 책상 위에는 다른 물건 두지 말기

6) 친구들과의 약속을 아예 없애기

7) 학원 수업은 맨 앞이 부담스럽다면 최소한 앞쪽 1/3 이내에 앉기(뒤에 앉으면 딴짓하게 됨)

8) 시작하기 전에 '1분만 집중한다.' 3번 말하고 시작하기

셋째, 암기에만 집중한다

결론부터 말하자면, 이해가 되든 말든 무조건 암기에 집중하세요. 그리고 그걸 계속 반복하세요. 최상위권의 공부 비법이요? 암기뿐입니다. 공부를 잘했던 선배들은 공부 시간이 우리보다 긴 것도 있지만, 이해가 되든 말든 무조건 '암기'를 한 공통점이 있습니다. 괜히 과외선생님을 바꾸고, 학원을 바꾸고 하는 것보다 눈앞에 있는 걸 여러 번 반복해서 암기만 잘하면 됩니다. 이해가 안 가는 것도 암기하면 나중에 서로 연결되어서 뒤늦게 이해가 되기도 하고, 암기를 주야장천 하다 보면 나도 모르게 응용력이 생기는 경우도 많습니다.

선배들이 가끔 "교과서를 달달 외웠다"라고 말하곤 합니다. 말 그대로 교과서를 외우면 됩니다. 주야장천 반복해서 5회 이상 암기하는 겁니다. 몇 번이요? 5회 이상 하세요. 공부머리 천재라고 해서 1~2번만에 다 외워질까요? 여러분이랑 똑같이 5번 이상 반복합니다. 여러분은 그들만큼 반복하지 않은 것뿐입니다. 정말 5번 이상 반복하면 안 외워질 수가 없습니다. 수학도 마찬가지입니다. 수능 수학은 풀이가 한정적입니다. 그 풀이를 외우고, 주야장천 문제의 양을 늘리면 됩니다. 그럼, 수학 문제 푸는 기계적 기술이 생기는 거예요. 결국, 수학의 경우 '풀이법'을 암기하고, 이 문제마다 어떤 풀이법을 적용해야 하는지만 연습하면 되는 겁니다. 암기가 공부의 대부분임을 꼭 믿고 해보세요.

넷째, 남들보다 딱 하나만 더 한다

여러분이 게임을 잘하려면 어떻게 해야 할까요? 간단합니다. 남들보다 게임을 더 많이 하거나, 더 자주 PC방에 가면 됩니다. 즉, 게임에 쏟아붓는 시간을 늘리고, 게임을 하기에 좋은 환경으로 가면 됩니다. 이와 마찬가지로 공부를 잘하려면 남들보다 조금만 더 하고, 공부하기 좋은 환경으로 나를 억지로 밀어 넣으면 됩니다. 남들보다 '딱 1분'만 더, 딱 '1개만' 더 풀고 자리를 일어나면 되는 것이죠.

다섯째, 목표를 낮게 잡고 달성하는 습관을 가진다

여러분의 목표는 수학 잘하기, 공부 잘하기, 운동 열심히 하기, 돈 많이 벌기 같은 '넓은 범위의 목표'가 아닙니다. '5등 안에 들기', '체력 기르려 운동장 10바퀴 돌기', '30살까지 1억 원 모으기' 같은 '너무 높은 목표'를 가져도 안 됩니다. 여러분이 가져야 할 목표는 '딱 1분만 집중하기', '의자에 1분 동안 앉아 있기', '1장만 보기', '딱 3등만 등수 올리기', '딱 1개만 외우기' 같은 '작은 목표'입니다. 즉, 내가 쉽게 달성할 수 있는 낮은 수준의 구체적인 목표여야 합니다. 예를 들어볼게요. 여러분에게 책 한 권을 다 읽으라고 하는 것은 매우 어려운 미션이에요. 하지만 책을 한 페이지만 읽으라고 하면 쉬운 미션이 되죠. 제가 '여러분은 앞으로 자기 전에 딱 한 페이지만 읽으세요' 하면 과연 한 페이지만 읽을까요? 아니에요. 자기도 모르게 한 페이지만 읽다가 다음 쪽으로 넘어가고, 그다음까지 읽게 될 거예요. 그러다 '앗! 너무 많이 읽었는데?'싶어 멈추게 되죠. 그때 체크해보면 세 페이지나 다섯 페이지에 가 있는 경우가 대부분이에요. 이해되죠? 작은 목표가 핵심입니다.

그리고 노파심에 말씀드리자면, 공부 못한다고 절대 주눅 들지 말고, 나중에 '인서울'에 못 갔다고 실망하지 마세요. 앞으로 우리나라는 지방 소멸이 가속화될 예정이어서, 오히려 지방을 살리기 위해 지역인재 의무채용이 더욱 확대될 거예요. 즉, 공부를 못해서 인서울 대학에 못 가더라도 오히려 지방대학이라는 이유로 더 잘 풀릴 확률도 점점 높아지고 있어요. 그리고 대기업들도 지방대생들을 생각보다 많이 채용하고 있으니, 그런 점들을 정확히 알아보며 자존감을 높이세요. 대신, 지금까지 여러분은 노력을 안 해서 그렇지, 하기만 하면 지금보다 훨씬 나아질 테니, 딱 한 번만 최선의 노력을 다해보기 바랍니다. 그러고 나서 '와, 나는 진짜 공부머리가 없는 것 같다' 싶으면, 그때는 쿨하게 내려놓고 다른 일을 하면 됩니다.

 미션

- 스터디카페에서 맨 마지막에 퇴실해 보기
- 반에서 1등으로 등교해 보기
- 학원 맨 앞줄에 앉아 보기
- 일어나고 싶을 때 딱 한 문제 더 풀기

마이스터고, 특성화고, 전문대도 있다

▶ 기사 내용 중 일부 발췌

1) 울산마이스터고등학교에 따르면 전체 취업 학생 중 48%가 공기업과 대기업에
입사했다. 한국수력원자력, 한국서부발전, 서울주택도시공사 등 공기업에 7명,
현대자동차, LG이노텍, 삼성전자, 롯데케미칼 등 대기업에 48명이 취업했다. (울
산매일, 2023년 2월)
2) 폴리텍대학 로봇캠, "기업 수요에 맞는 교육 통해 취업률 90% 달성" (뉴스투데이,
2024년 6월)

마이스터고, 특성화고, 전문대 진학으로 인생을 바꾼 선배들이 꽤
많습니다. 앞서 소개한 기사를 보면 졸업생들의 취업률도 꽤 좋은 편입
니다. 그러니 전략적으로 이러한 학교들에 진학하는 것도 매우 좋은 방
법입니다. 하지만 마이스터고나 특성화고 등의 학교는 단점도 분명히
있습니다. 사회에서 '공부 못하는 애들이 가는 학교'로 인식하고 있다
는 것, 경제 위기, 경제 침체 등 외부적 영향에 따라 취업률이 달라진다
는 것, 중소기업에 입사할 때 초반에는 연봉이 적을 수 있다는 것입니
다. 또한, 마이스터고, 특성화고, 전문대 진학이 여러분을 100% 안정적
인 취업을 보장해 주지 않습니다. 열심히 한 선배들은 대기업에 쉽게

들어가는 것도 사실이지만, 그렇지 못한 선배들도 상당히 많기 때문입니다. 간혹 입학설명회에 여러분을 초대해 '우리 학교를 졸업하면 취업률이 70% 이상이에요'라고 하는 학교들이 있는데 무조건 믿으면 안 된다는 겁니다. 통계라는 것은 마음대로 바꾸기 쉬운 영역이기 때문입니다. 가령, 한두 달 알바 하거나, 잠시 파견근무를 다녀온 것, 입사 이후 얼마 지나지 않아 퇴사했음에도 취업은 했다고 통계에 반영하고 있으니 제대로 파악해야 합니다.

그리고 취업이 잘되는 마이스터고, 특성화고가 있지만, 취업이 잘 안되는 특성화고, 마이스터고도 정말 많이 있다는 것도 명확히 알아야 해요. 즉, 학교마다 상황이 다른 거예요. 이건 여러분이 꼭 알아봐야 해요. 학교마다 분위기도 다르고, 어떤 선생님을 만나느냐에 따라 완전히 분위기가 다르기 때문이지요. 특히 요즘은 공장이 로봇과 자동화 설비로 바뀌면서 현장직 채용도 많이 감소했고, 저성장과 경기 침체가 지속되는 상황이라, 산업 현장의 취업 인원이 점점 줄어들고 있는 것이 현실입니다. 또한, 취업이 된다고 하더라도 일부 공기업과 대기업을 제외하고는 여전히 중소기업의 월급과 복지가 열악하다 보니, 선배들 중 대다수가 적응하지 못하고 퇴사하는 경우도 많습니다. 그러니, 특성화고와 마이스터고 관련 내용들은 선배들(진학을 후회하는 선배와 만족하는 선배)을 통해 두 관점에서 균형감 있게 알아보기를 바랍니다. 특히, 본인이 위 학교에 관심이 있다면 '마이스터고/특성화고 현실', '마이스터고/특성화고 후회', '마이스터고/특성화고 후기', '마이스터고 장단점', '폴리텍대 후기, 전문대 취업 후기', '전문대 장단점'이라는 키워드를 구글과 유튜브에 검색해서 꼭 찾아 읽어보고, 가능하다면 선배들을 여러 명 만나서 대화해 보기 바랍니다.

※ 이번 챕터의 핵심은 마이스터고나 특성화고, 전문대나 폴리텍대학이 무조건 좋거나 나쁘다는 개념이 아니라, 인생이 바뀔 수 있는 선택이니 꼼꼼히 잘 알아보자는 내용입니다.

미션

1. 균형감 있게 정보 찾기
- 구글이나 유튜브에 관심 있는 학교의 '장점', '단점', '현실', '후기', '후회' 등을 다양하게 검색해 보기
2. 5-5-5의 법칙 적용하기
- 5명의 마이스터고, 특성화고, 폴리텍대 졸업 선배 만나보기
- 5개의 마이스터고, 특성화고, 폴리텍대 유튜브 시청하기
- 5개의 마이스터고, 특성화고, 폴리텍대 관련 책과 인터넷 기사 읽기

어른들이 '학벌'이 중요하지 않다고 말하는 3가지 이유

일부 어른들이 이런 말을 합니다. "허허~ 이제 대학 안 중요해~ 학벌이 중요하지 않은 시대야~ 네가 하고 싶은 걸 해~"라고 말이죠. 일부 어른들은 왜 이런 말을 할까요?

첫째, 학벌 이외에 판단할 요소가 생겼다

지금 세상은 이공계 중심의 4차 산업 시대입니다. 이공계 분야는 연구 경력, 특정 전공 이수, SCI급 논문 발표, 해당 분야 프로젝트 경험이 핵심인 분야입니다. 즉, 학벌 말고도 논문, 연구, 프로젝트, 인턴 등 능력의 측정 요소가 많다 보니 학벌이 덜 중요한 상황인 거죠. 반면, 문과 계열은 연구 능력이나 실용적인 측정 요소가 많이 없다 보니 여전히 학벌을 보는 것입니다. 이해되지요? 결론적으로 문과는 학벌을 여전히 선호하고, 이과는 학벌 선호도가 예전만큼은 아니라고 이해하면 됩니다.

둘째, 4차 산업은 학벌보다 '수학'을 중요하게 본다

미국 실리콘밸리와 국내 기업들은 학벌이 부족해도 수학머리가 있고, 코딩 잘하고, 창의력이 좋으면 학벌과 상관없이 인재를 뽑아갑니다. '인공지능'이라는 소프트웨어와, '로봇'이라는 하드웨어가 결합해 인간을 대신해서 생산성, 노동 효율을 개선해 주고 있기에 그들을 더 발전시킬 수 있는 수학을 중시하고 있습니다. 기업들은 학벌만 좋고 겉 스펙만 좋은 사람보다, 실용적인 수학, 과학 관련 능력이 출중한 사람을 우선적으로 보는 겁니다. 즉, 학벌은 좋은데 4차 산업 능력이 없는 사람과 학벌은 안 좋은데 4차 산업 능력이 있는 사람 중에 '후자'를 원하는 것이죠.

셋째, 학벌의 가성비가 점점 떨어진다

'열심히 공부해 온 내가 중소기업에 간다고?', '아니, 이렇게 좋은 대학을 졸업했는데 형, 누나들이 취업이 안 된다고?', '뭐? 월급 열심히 모았는데 집을 못 산다고?', '어? 쟤, 나보다 공부 못했었는데 재테크로 대박이 나서 수십억 부자 되었다고?' 이렇듯, 학벌이 20대 이후의 인생을 책임져주지 않자 '학벌의 가성비론'이 나오고 있습니다. 부모님이 돈을 과감히 투자해서 나를 공부시켰는데 취업 가성비가 떨어진다? 내 청춘의 대부분을 대입과 스펙 쌓기에 쏟아부었는데 취업이 안 된다? 좋은 학벌이 취업 프리패스, 그리고 많은 자산으로 이어져야 하는데 그렇지 않다 보니 학벌의 가치에 의문을 품는 사람들이 늘어나는 겁니다.

2024년 기준 대학 등록금

대학구분		2024 평균 등록금	학교별 2024 평균 등록금(1년)	
사립대	전국 대학	약 635만 원	연세대	약 910만 원
	의학 계열	약 990만 원	이화여대	약 870만 원
	공학 계열	약 716만 원	한양대	약 850만 원
	자연 계열	약 685만 원	성균관대	약 850만 원
	인문 계열	약 557만 원	고려대	약 830만 원
	예체능 계열	약 713만 원	유니스트	약 620만 원
교육대학		약 340만 원	부산대	약 446만 원
이공계 특성화 (유니스트, 지스트 등)		약 440만 원	전남대	약 410만 원
국립대		약 410만 원	고려사이버대	약 246만 원

출처: 대학 알리미

 미션

1) 유튜브에서 고졸 취업, 고졸 창업 잘 된 사례 찾아보기

2) 폴리텍대학, 전문대 출신으로 대기업에 입사한 사례 검색하기

3) 마이스터고/특성화고를 통해 대기업, 공기업에 들어간 수만 명의 청년들 찾아보기

그럼에도 '대학'을 가면
좋은 5가지 이유

앞서 어른들이 학벌이 중요하지 않다고 말하는 이유에 대해 살펴 봤습니다. 그럼에도 불구하고 대학에 가면 좋은 점들이 많이 있습니다. 대학에 진학했을 때 장점은 무엇일까요?

첫째, 학벌은 희석되는 것이지, 소멸되는 것이 아니다

여러분, 학벌의 영향력이 감소하는 것과, 학벌이 사라지는 것은 완전히 다른 개념이에요. 과거만큼 대학의 학벌을 보지 않는다는 말이지 학벌을 아예 안 본다는 것은 아닙니다. 쉽게 말해 과거에는 100점 만점에 90점 정도 보던 것을 지금은 70점으로 보는 것뿐이에요. 여러분이 회사에 취직할 때 여전히 대졸 여부가 중요한 요소라는 것입니다. 실제로 마이스터의 성지인 독일의 대학 진학 비율이 과거 30%대에서 지금은 50%대로 오히려 올라가고 있는 게 전 세계적으로 학벌이 유효하다는 예시입니다. 그러니 대학에 안 가도 된다는 어른들의 말의 '맥락'은 이해하고 받아들이되, 그 말을 100% 믿지 말기 바랍니다. 특히 여기서 말하는 대학이 오직 명문대, 인서울, 지거국만을 의미한다고 여러분이 오해할 수 있는데요, 전문대와 폴리텍대학도 정유, 전자, 반도체, 제철, 자동차 등 대기업에 취업을 많이 하고 있으니 꼭 잘 알아보기 바랍니다.

둘째, 대학은 점점 프리미엄화 되고 있다

저출산으로 인구는 줄어들고, 사람들은 수도권과 광역시로 몰려듭니다. 그러다 보니 지방의 대학들은 쇠퇴해 구조조정 되고, 결국, 통폐합됩니다. 그렇게 명문대, 수도권 일부 대학과 지역 국립대만 살아남고, 대부분의 대학은 사라지는 것이죠. 살아남은 대학으로 계속 학생들이 모여들며, 대학은 점점 특성화, 프리미엄화 되고 기업들은 그 대학의 졸업생들을 우선으로 뽑습니다. 대학원도 마찬가지인데요, 기업 입장에서는 대학원 재직자가 기업과 협력경험이 있다면 기업 적응력 문제나 실무능력이 검증받은 거나 마찬가지이기에 대학원 재직자를 바로 데려오고 있는 것입니다. 즉, 4차 산업을 전공하고, 기업과 협업한 경험이 있는 대학원생은 일종의 프리패스 신분증을 가지는 것입니다.

셋째, 대학은 4차 산업을 제대로 배울 유일한 공간이다

여러분이 4차 산업을 제대로 배울 곳은 대학과 대학원 외에는 없습니다. 삼성이나 대기업에서 주관하는 캠프 역시 대부분 대졸자와 대학원생을 뽑아서 단기 속성으로 가르치고 있고, 정부가 주도하는 이공계 인력 양성사업(ex 나노 기술 전문 인력 양성과정, 인공지능 전문 인력 양성과정 등)에 필수적으로 이공계 대학 졸업자만 신청 가능하다는 것도 정확히 알아야 합니다. 기업의 사무직뿐만 아니라 현장직 역시 폴리텍대학이나 전문대학에서 4차 산업을 배운 경력자를 선호하고 있습니다. 즉, 고등학교에서도 4차 산업 관련 내용을 배우겠지만, 깊이가 대학이나 대학원보다 매우 낮은 만큼 4차 산업을 제대로 공부하고자 한다면 대학과 대학원은 필수 코스인 상황인 거죠. 괜히 독일의 대학 진학률이 과거 30%대에서 지금 50%대로 향상 및 유지되고 있는 게 아니라는 점을 꼭 기억하기 바랍니다.

대학의 종류

구분	내용
일반대학	500여 가지 전공이 있고, 고교 졸업 이후 가장 많이 진학하는 대학
산업대학	산업 인력을 키우는 대학
교육대학(사범대)	초·중등 교원을 양성하는 대학
전문대학	전문 직업인을 양성하는 대학
방송통신대/ 사이버대학	PC와 휴대폰 등 매체를 통해 공부가 가능한 대학
기술대학	산업 현장의 전문적인 지식과 기술을 교육받을 수 있는 대학

출처: 한국생활가이드북

넷째, 대학을 가면 인맥이 달라진다

인맥은 왜 중요할까요? 누군가를 앎으로써 생각지 못한 기회를 운좋게 얻을 수 있으며, 인맥을 통해 다른 사람을 소개받을 수 있기 때문입니다. 또 내 주변에 좋은 사람이 가득하면 나도 모르게 그들과 어울리며 인생 목표, 삶의 태도, 생활 습관이 닮게 되어 내가 확 바뀌게 됩니다. 결국, 누구를 만나느냐가 인생에서 매우 중요합니다. 어떤 사람은 '인맥 억지로 만들 필요 없다, 인맥 없어도 내 능력이 출중하면 된다'라고 하는데요, 그런 사람의 말은 귀담아듣지 말기 바랍니다. 왜냐하면 그런 사람들은 뭘 해도 성공할 최상위 능력자여서 사람이 알아서 붙는 상위 1%의 존재이기 때문입니다. 반대로, 우리는 보통 사람들이기에 좋은 사람을 만나서 그들과 교류하며 기회도 스스로 만들고, 그들로부터 뭔가를 배워야 합니다. 가령, 내가 좋은 대학에 가는 순간 높은 수준의 학습 능력을 갖춘 사람들과 어울리게 되니 자연스레 나의 수준 역시 그들을 닮게 되는 것입니다. '친구 따라 강남 간다'라는 속담이 괜히 있는 것이 아닙니다.

다섯째, 사회에 고학력 선호 현상이 여전히 남아 있다

저도 학벌로 인한 차별이 세상에 없기를 희망합니다. 다행히 우리 사회가 조금씩 그 방향으로 흘러가고 있습니다. 하지만 아직도 고졸자에 대한 차별과 고학력 선호 현상이 여전한 것 또한 사실입니다. 실제로, 많은 회사가 고졸 채용을 하고 있지만 그 숫자가 대졸 채용보다 훨씬 적고, '-사'로 끝나는 전문직 분야는 대졸자가 아니면 아예 응시조차 못 하게 되어있습니다. 즉, 세상은 학벌주의가 줄어드는 좋은 방향으로 가고는 있지만 여전히 대졸자를 우선으로 원하고 있고, 사회에서는 대졸자들에게 여전히 더 많은 기회를 주고 있습니다.

제가 정리한 5가지는 무조건 고졸이 나쁘다는 이야기가 아닙니다. 취업에 있어서 확률적으로 대졸자가 유리한 게 있고, '5가지 이유로 기업이 대졸자를 원하는 경향이 있다'는 담백한 사실만 전달해 드릴 뿐입니다. 특히, 여러분 생각보다 최상위권의 대학을 제외한 대부분의 대학의 입시가 점점 쉬워지고 있는 게 사실이에요. 출산으로 학생 수는 줄어드는데, 대학이 정원을 유지하거나 약간만 줄이고 있다면 여러분의 대입은 엄청나게 쉬워지지 않을까요? 앞으로도 N수생이 유리한 정시는 계속 인기가 있을 것이고, 수시 역시 전략적으로 잘만 준비하면 과거 선배들보다 대입이 쉬워질 것입니다. 그러니 절대로 포기하지 않으면 역전을 할 수 있습니다. 그리고 생각보다 운으로 좋은 대학에 합격하는 경우도 많음을 꼭 기억하기를 바랍니다.

 선배들의 조언

- 선배 A: 국내분 아니라 외국(미국, 유럽, 아시아)대학으로 진학 가능성도 열어 두세요.

- 선배 B: 본인이 확신만 있다면 반수, 재수, 삼수도 나쁘게 보지 마세요.

- 선배 C: 고졸은 생활력, 인내력, 기술력이 핵심이니 그 부분을 꼭 키워보세요.

- 선배 D: 생각보다 장학금이 많으니 등록금에 부담 갖지 마세요.

- 선배 E: 학교를 옮기는 편입 사례도 굉장히 많으니 이 부분도 고려해 보세요.

- 선배 F: 고졸/대졸의 차이가 없는 직업 영역이 있고, 차이가 큰 영역이 있으니 구분해야 합니다. 무조건 고졸은 불리해, 무조건 대졸이 유리해 이런 건 영역에 따라 다를 수 있어요.

- 선배 G: 꿈을 좇아 대학 전공을 바꾸는 경우도 많으니 복수전공, 자유전공도 열어두세요.

입시 전략으로 공부머리를 역전할 수 있다

"입시도 전략이 있다고요?"

"아니, 네 성적으로 이 대학에 갔다고?"

생각보다 정말 많은 선배가 입시 전략을 잘 세워서 좋은 대학에 입학했다는 사실을 알고 있나요? 실제로 매년 어떤 입시 전략을 세우느냐에 따라 대입 결과가 달라지는 경우가 많습니다. 괜히 대치동과 여러 입시컨설턴트, 그리고 학교의 진로 진학 상담교사들이 종횡무진 땀을 흘리는 게 아닙니다. 축구에서도 어떤 전략을 세우느냐에 따라 약팀이 강팀을 잡는 경우가 무수히 많이 발생하는 것처럼 고입, 대입 분야도 세밀한 전략을 통해 확률을 높이는 경우가 많습니다.

공부머리를 역전한 입시 전략 사례

1) 내신 4등급 학생이 3학년 1학기 생기부(생활기록부)를 전략적으로 활용해 경희대에 학종(학생부 종합전형)으로 합격한 김모 양

2) 수학 4등급에서 1등급으로 향상해 성균관대 정시에 합격한 최모 양

3) 내신 3등급 후반이지만 뛰어난 면접 준비로 연세대에 학종으로 합격한 박모 군

4) 내신 5등급이지만 논술 전형으로 한양대에 합격한 이모 군

여러분이 입시로 공부머리를 역전하기 위해선 기본 3가지, 그리고 특별한 3가지가 필요합니다. 기본 3가지는 다음과 같습니다.

기본 1. 교사와 올바른 관계를 형성하고
원하는 바를 정확히 요구한다

여러분을 잘 관찰하고 여러분이 진심으로 잘되기를 바라는 사람, 여러분의 생기부를 잘 써줄 담임, 동아리, 교과 담당 교사와의 관계가 잘 형성되어야 합니다. 그러기 위해 학생과 부모는 평소에 생기부에 기록되었으면 하는 것들을 일목요연하게 정리해 두어야 하고, 그것을 평상시 좋은 관계와 적절한 언어로 교사와 협의해야 합니다. 교사가 행정과 수업, 기타 업무로 바쁜 존재임을 인식하고 여러분이 교사를 이해하며 소통한다면 만족스러운 생기부를 만들 수 있습니다. 이것만 해도 입시 준비의 절반은 성공입니다.

기본 2. 부모와 자녀는 한 팀으로 움직인다

입시는 학생 혼자 하는 게 아닙니다. 또한, 부모님은 돈만 지원하는 사람이 아닙니다. 부모는 구단주이자 감독이고, 학생은 코치이자 선수입니다. 특별한 경우를 제외하고는 대부분 온 가족이 함께 입시 전쟁을 치르고 있음을 꼭 기억하세요. 결국, 모든 분야는 자본주의 논리와 뉴턴의 법칙(F=ma, 가해진 힘에 비례해 운동의 변하는 발생한다)을 기초로 작동하는 만큼 온 가족이 이 힘을 보태서 좋은 결과를 만들어내면 좋겠습니다.

기본 3. 중간에 포기하지 않고 끝까지 완주한다

역전하기 위해서는 포기하지 말고 끝까지 완주해야 합니다. 그런데, 생각보다 많은 수험생들이 고입과 대입에서 일찌감치 포기를 하거나, 전략을 빨리 휙 바꾸는 경우가 너무 많습니다. 수시, 정시, 면접, 논술 뭐든 끝까지 가봐야 하는데 너무 일찍 내신, 생기부, 정시를 포기하거나 기존 전략을 쉽게 바꿉니다. 실제로 진로교사와 컨설턴트의 역할은 역전을 위해 존재하는 사람들인데 왜 기본만 사용하고 그 이상 활용하지 않는지 모르겠습니다. 여러분, 역전은 8, 9회에 많이 발생하니 꼭 현재에 실망하지 마세요.

이제 특별한 3가지를 알아보도록 하겠습니다.

특별 1. 학종과 생기부에서 구체성을 확보한다

학종, 생기부와 면접에서의 핵심은 바로 구체적인 키워드와 적극적인 어필입니다. 생각보다 대학과 사정관, 면접관은 우리를 구체적으로 알지 못합니다. 생각해 보세요. 나의 생기부가 수십 장이고, 나의 라이벌은 수백 수천 명인데 그걸 언제 일일이 다 보고 기억할까요? 결국, 면접관들은 구체적인 키워드를 중심으로 학생을 파악합니다. 여러분은 남들과 다른 구체적 단어, 같은 단어도 학생 느낌의 단어가 아닌 현직의 선배들이 쓰는 단어를 써가며 생기부와 면접을 준비하면 됩니다. 그럼, 그들은 여러분을 실무 능력이 미리 준비된 사람으로 인식할 것입니다.

▶ 구체적인 경험 + 직무적 키워드 활용

예: "저는 동아리에서 '데이터 분석을 활용한 경제 연구' 프로젝트를 진행하며 Python과 R을 사용해 데이터를 분석하고 이를 시각화하는 경험을 했습니다."

▶ 문장 내 직무적 어휘(전공 관련 용어) 활용

예: '실험' → '변수를 통제해 가설을 검증한 실험'
'독서' → '수학적 모델링과 머신러닝을 접목한 AI 관련 서적 탐독'

특별 2. 사회문제나 실생활 문제를
해결한 경험을 보여야 한다

결론적으로, 대학과 사정관들은 자신의 학교를 빛내줄 실무인재, 세상의 문제를 해결할 리더를 뽑습니다. 그것이 수시 인재의 핵심입니다. 여러분이 뭔가에 호기심이 있어 뭘 했고, 그걸 탐구해서 어른스러운 것을 해봤다 하더라도 그 정도는 잘한 정도이지 최고로 잘한 수준이 아닙니다. 챗GPT와 구글링을 통해 나온 소재, 사설 입시 컨설팅을 받으며 다듬어진 내용을 그들은 훤히 꿰고 있습니다. 결국 그 정도 수준을 넘어서 다른 것과 융합하거나 확대해 실생활의 문제해결까지 해야 역전이 가능합니다. 가령, '~분야에 관심이 있어서 탐구하다가 실생활에 적용해서 ~~문제를 해결한 경험이 있다'라고 한다면 이 과정에서 면접관들은 지원자의 능동성과 궁금증 해결, 탐구 의지, 문제해결 능력까지 알게 되어 좋은 결과로 이어집니다. 결국, 교과연계를 바탕으로 탐구를 심화해 세상의 문제를 해결하려는 의지와 경험을 선보이는 것입니다.

특별 3. 글과 말로 설득하는 공식을 배우고 연습한다

똑같은 말도 누가 말하고 어떻게 말하느냐에 따라 달라지고, 똑같은 글도 누가 쓰고, 어떻게 쓰느냐에 따라 완전히 달라집니다. 쉽게 말해, 글쓰기와 말하기에는 호감을 느끼게 하는 공식이 있어서, 이를 바탕으로 조금만 변형하고 살을 붙이면 된다는 말입니다. 실제로, 국립대부터 건동홍, 중경외시, 스카이 같은 대학에 합격한 선배들의 글과 말은 알게 모르게 이러한 공식을 기반으로 하고 있습니다. 예를 들어 나열식으로 글을 쓰면 안 되며, 지원자의 인생 이야기가 하나의 흐름처럼 술술 그려져야 하고, 현직에 있는 실무자의 단어 사용, 저학년부터 고학년까지 진로를 탐구하는 과정이 감정과 함께 드러나야 합니다. 그럼, 내신이 2~4등급이라도 학종과 면접을 잘 준비해서 역전할 수 있습니다.

물론 이 외에도 중요한 사항들이 있습니다. 하지만 그것들은 학생 맞춤형으로 들어가야 하는 분야이고, 중장기로 디자인되어야 하는지라 앞의 꿀팁을 기본이자 중심 무기로 활용해 뼈대를 잡아가길 바랍니다. 우선 여러분이 '입시 전략만 잘 설정해도 역전이 가능하다'라는 사실만 굳건히 믿으세요. 자신을 과소평가해 섣불리 포기하지 말고, 또 반대로 여러분을 과대평가해 섣불리 낙관하거나 지나친 여유를 가지는 것만 멀리하면 됩니다.

미션

1. 유튜브에서 '말 잘하는 법', '글 잘 쓰는 법' 검색하기

2. 유튜브, 구글, 네이버 블로그에서 입시 역전 사례 찾아보고 직접 댓글 달고 물어보기

3. 학교 선생님께 평소에 감사의 인사와 마음을 전하며 좋은 인상 풍기기

4. 학교 선생님, 교육청과 지자체 진학 컨설팅, 친한 선배 컨설팅 중 1개 꼭 받아보기

5. 목표 대학 선배들을 몇 명 만나서 동기부여 겸 나의 전략을 제대로 지도받기

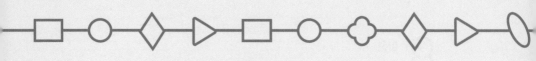

네 번째
공부,

연애와 결혼

상대방의 '조건'을 보는 게 나쁜 걸까?

　　결혼은 두 회사가 하나의 회사로 합치는 과정입니다. 이 합병의 목적은 지금보다 더 행복해지려고 하는 것이고 더 이익이 되려고 하는 것입니다. 그렇기에 현실 조건인 월급, 순 자산, 키, 외모, 직업, 성격, 생활력, 책임감, 학벌, 가치관, 종교, 정치관 등을 확인하면서 결혼을 진행하는 것입니다. 왜냐하면 연애는 가끔 만나는 '사랑'이지만, 결혼은 함께 오랜 시간을 살아가는 '생활'이고 '삶'이기 때문입니다. 예를 들어, '이 사람이 월급은 적지만 생활력과 책임감이 강하니 결혼하겠다', '학벌은 보통이지만 수입이 많으니 결혼하겠다', '직업이나 월급은 평범하지만 키나 외모가 좋아서 결혼하겠다' 등 결론이 명확해야 합니다. 괜히 30대 이후에 많은 사람들이 결혼정보업체를 통해서 현실 조건을 고려하는 게 아닙니다. 다시 강조하지만, 결혼은 '현실'이기 때문입니다.

　　그렇기에 앞서 언급한 현실 조건을 가지고 연인 간에 허심탄회한 대화도 미리 할 필요가 있습니다. "그때는 이런 사람인 줄 몰랐어요~"라는 말을 하면 안 되기 때문입니다. 가령, '둘 중 한 명이 육아를 위해 회사를 그만둬야 한다면 누가 그만둘 것인가', '우리 집보다 상대방이 너무 가난하거나, 반대로 너무 부자여서 부담스러운데 내가 감당할 수 있을까?', '결혼 준비 자금이 너무 적은데 상대방 집안과 집값 마련의

틈이 크면 어떻게 해결할 것인가' 등 2030 결혼 선배들의 현실적인 결혼 고민을 미리 생각해 봐야 합니다. 그렇지 않으면 서로 알고 지내온 시간과 정 때문에 억지로 결혼하거나, 이번에 헤어지면 나이가 많아서 결혼을 못 한다는 불안감에 잘못된 선택을 하는 경우가 생깁니다.

다음 표는 실제 결혼정보업체에서 제공하는 '배우자 매칭표' 입니다. 누군가는 '어떻게 사랑이 아닌 조건을 보고 결혼해?'라고 할 수도 있지만 결혼을 하고 시간이 지나면 '아, 현실의 조건이 중요했구나!'를 그제야 알게 됩니다. 다시 강조하지만, 결혼은 언제 하느냐보다 '누구랑' 하느냐가 훨씬 중요합니다. 왜 어른들이 결혼은 낭만이 아니라 비즈니스라고 하는지 꼭 한번 생각해 봐야 합니다.

결혼정보업체 조건표
2023 이상적 배우자의 모습

이상적인 남편		이상적인 아내
178.7cm	**신장**	164.2cm
6,067만 원	**연소득**	4,377만 원
3억 3,491만 원	**자산**	2억 1,692만 원
2세 연상	**연령 차이**	2~3세 연하
4년 대졸	**학력**	4년 대졸
일반 사무직	**직업**	일반 사무직
성격〉가치관〉경제력	**중요사항**	성격〉가치관〉외모

출처: 듀오

이 책을 쓰면서 변호사 친구와 대화를 한 적이 있습니다. "이혼율이 높은 이유가 뭐라고 생각하니?" 친구는 "글쎄? 언젠가는 식어버릴 사랑의 감정보다 꼭 확인해야 할 재산, 상대 집안, 자녀 교육 방향, 노후에 관한 생각, 정치 성향, 돈에 대한 가치관 등을 미리 확인하지 않아서 싸움이 나는 경우가 정말 많아~"라고 답을 했습니다. 저는 그 말을 듣고 무릎을 탁하고 쳤습니다. 화학작용인 사랑은 언젠가 식는 게 당연하고, 그때 중요한 게 바로 '현실 조건'인데 우리는 깊이 생각하지 않는다는 것이죠. 또, 그런 것을 확인하면 속물처럼 취급하거나, 진짜 사랑을 하지 않는 것으로 여기기도 하고요. 결국, 현실적인 조건을 보는 것은 나쁜 게 아니라 서로 간의 장기적인 결혼생활을 더 잘 유지해 줄 조건임을 명확히 알고 연애 시절에 서로 충분한 대화를 나눠야 합니다.

그렇다고, 배우자의 '조건만' 보면 후회할 수 있다

앞서 애인을 만날 때 직업과 연봉, 안정성, 재산, 외모, 겸손한 태도 같은 유형적인 것을 확인해야 한다고 했는데요, 그것만큼 중요한 것이 바로 사람의 성격, 인성, 타인을 대하는 태도, 예의, 책임감, 말투, 청소와 청결에 대한 가치관, 감정 변화와 기복, 자녀교육관, 가정환경, 정치 성향, 하루 생활 방식 같은 '무형적인 조건'입니다. 특히 성격과 성향을 점검하지 않으면 나와 맞지 않는 배우자와 평생 수많은 다툼을 하고, 수천 번 화를 참으면서 고통스러운 결혼생활을 이어갈 확률이 높습니다. 실제로 기혼자들이 "이럴 줄 알았으면 결혼 안 했죠", "이런 사람인 줄 몰랐어요", "나는 결혼하려는 사람이 있으면 꼭 이런 것들을 점검하라고 말릴 거예요"라며 '성격과 성향' 등 무형적인 요소에 관한 이야기를 정말 많이 합니다. 요즘 시대에 이혼이 잘못도 아니고 죄도 아니지만, 이혼한다는 것은 '인생과 진로'에 큰 영향을 끼치는 사건인 만큼 상대방에 대한 무형적 요소를 반드시 확인해야 합니다.

여기서 말하는 성격이란, 내 성격과 잘 맞는 성격인지, 누가 봐도 좋은 성격인지의 2가지 의미를 내포하고 있습니다. 예를 들어, 누군가는 다정한 사람을 좋아할 수도 있고, 누군가는 다정함보다는 리더쉽이 좋은 사람을 좋아할 수도 있습니다. 또 누군가는 둥근 성격의 사람을 좋아할 수도 있고, 둥근 성격보다는 딱 부러지는 사람을 좋아할 수도 있습니다. 결국 각자에게 잘 맞는 사람이 있는 겁니다. 성격뿐 아니라 나와 맞는 성향인지도 매우 중요합니다. 상대방은 집순이, 집돌이인데, 나는 밖을 돌아다니는 걸 좋아한다? 상대방은 가족주의자인데, 나는 개인주의자이다? 상대방은 아침형 인간인데, 나는 저녁형 인간이다? 상대방은 논리적이며 문제 해결을 중시하는데, 나는 감성적이고 감정을 중시한다? 이렇게 서로 다르면, 다르기에 잘 맞을 수도 있지만, 너무 다르기에 성격 차이, 성향 차이가 발행해서 감정의 골이 깊어질 수도 있습니다. 그러니 성격과 성향을 잘 파악해 앞으로도 다른 점을 감당할 수 있을지 확인해야 합니다.

이렇듯 여러 주제의 대화를 허심탄회하게 해야 하고, 서로 은연중에 상대를 파악하는 훈련을 해야 합니다. 가령, 나는 어떤 결혼생활을 꿈꾸는지, 돈(소비, 절약, 재테크)에 대한 계획과 성향, 재산 관리는 누가

할지, 친정과 시댁의 노후에 관한 생각, 자녀 교육 계획, 음식을 해 먹을지 아니면 반찬을 사 먹을지 등을 정확히 소통해야 합니다. 또한 가능하면 연애 기간에 서로의 행동을 유심히 관찰해야 합니다. 평소에는 나한테 잘 맞춰주더라도 특정 상황에서 갑자기 감정이 폭발하는 경우, 운전할 때 욕을 하거나 화를 내는 경우, 술 마시면 깜짝 놀랄 주사가 나오는 경우 등을 말이죠. 또 식당에서 간단한 서빙에 감사의 말을 하는지, 힘든 등산을 가서도 불만만 표시한다든지, 이렇게 일상에서 내면의 모습을 잘 관찰하면 배우자로서 자질이 보일 겁니다.

이 챕터가 중요한 이유는 '나는 이러한 성향의 사람이고, 나는 어떤 사람을 만나는 게 행복할지, 어떤 커플들이 오래 행복하게 잘 사는지' 등을 미리 공부하는 데 있습니다. 다음 질문지를 가지고 부모님과 대화해 보기를 바랍니다. 아마 엄청 중요하다고 말씀해 주실 거예요.

부부관계에서 자주 싸우는 주제 모음

- 명절에 어느 집부터 먼저 갈 것인가?
- 명절에 음식 직접 하기 vs 밖에서 차리기
- 배우자가 억지로 상대의 종교를 강요하고 같이 가기를 바란다면?
- 1년 동안 양가 부모님께 드려야 하는 용돈은 얼마가 좋을까, 특별한 명절과 생일에만 드릴까?(내 소득, 희망 배우자 소득에 근거해서 계산해 보세요)
- 가족이 아파서 오랫동안 입원해 있어야 한다면 병원은 방문할 것인가?
- 배우자가 회사에서 회식으로 인해 매번 늦게 퇴근하면 어떻게 할 것인가?
- 상대방이 외출복 그대로 침대와 소파에 앉는다면 어떻게 할 것인가?
- 수입 관리는 누가하고, 어떻게 관리 할 것인가?
- 명품 구매 및 주기적 해외여행에 관한 생각은?

- 자녀 교육 시 주 양육자는 누가 될 것인가? 누군가 나중에 퇴사해야 한다면 누가 퇴사할 것인가?
- 3살 아이가 밥을 안 먹으면 어떻게 할 것인가?
- 3살 아이가 양치를 안 한다고 하면 어떻게 할 것인가?
- 아이가 영어로 고생하지 않기 위해 어릴 때, 외국을 가려는데 거부한다면 어떻게 할 것인가?
- 나중에 양가 부모님을 모시고 살아야 한다면 어떻게 할 것인가?

  ex) 요양시설, 형제자매와 분담, 직접 수발 등
- 결혼 후에도 '남사친', '여사친'이 존재할 수 있다고 생각하는가?
- 며느리만 차례상을 준비한다고 하면 어떻게 할 것인가? 남자 쪽 제사를 지낼 것인가?
- 술 많이 마시거나, 담배를 너무 많이 피는 배우자라면?
- 맞벌이를 해도 경제적으로 여유가 없다면 어떻게 할 것인가?
- 결혼생활은 무조건 50:50으로 반반 나눠서 하는 게 합리적일까?
- 상대방이 강박까지는 아니지만 지나치게 청결에 신경을 쓴다면 어떻게 할 것인가?

사랑과 연애에 대한
선배들의 현실 조언

사랑은 계속 불타오르는 감정이 아닙니다. 얼굴만 봐도 하트가 '뿅뿅' 나오는 시기는 잠깐입니다. 처음 뜨거웠던 감정은 시간이 지나며 점차 편안함과 신뢰, 정으로 바뀌게 되죠. 결국 사랑이란 미지근한 온도를 오래도록 유지하는 관계입니다. 그런 의미에서, 아래 조언을 차근히 읽어보며 사랑에 대한 철학을 미리 정리해 보세요.

내가 행복해야 합니다. 연애든 결혼이든 교집합이지 합집합이 아닙니다. 내가 행복하지 않으면 상대방도 행복할 수가 없어요. 무조건 상대방에게 맞춰주는 것은 좋은 관계가 아니에요. 결코 지속될 수가 없어요. 내 자존감과 행복감이 높아야 상대방도 행복합니다.

연애하면서도 나만의 시간과 취미를 확보하세요. 독립된 내 공간, 내 시간을 가져야 내가 더 건강해져요. 상대와 너무 많은 것을 공유하게 되면 관계가 힘들어질 때가 많아요. 적당한 거리감은 서로를 위해서 필수입니다.

감정 기복이 적어야 합니다. 예민하면 옆 사람이 힘들어요. 사랑하면 그런 것도 받아줘야 한다? 그건 잘못된 생각이에요. 상대가 너무 예민하고 맞춰주는 데 힘든 성격이라면 꼭 연애와 결혼을 고려해 봐야 해요. 지금은 애정도가 높지만, 애정이 식으면 못 맞춰 줄 때가 많이 생길 거예요.

매력이 넘치는 사람이 되어야 합니다.
ex) 배울 점과 존경할 점이 있는 사람, 말을 예쁘게 하는 사람, 말과 행동이 바른 사람, 사소한 일에 화내지 않는 사람, 성격이 둥근 사람, 호들갑 떨지 않고 진중한 사람, 어른들에게 예의 바른 사람, 삶을 열심히 사는 진취적인 사람, 독립적이고 자존감이 높은 사람, 어려운 일을 맞이해도 회복 능력이 좋은 사람, 지쳤을 때 위로할 줄 아는 사람, 책임감이 강한 사람, 아이를 좋아하는 사람 등

네 번째 공부, 연애와 결혼

연애도 인간관계입니다. 나만 너무
줘서도 안 되고, 나만 너무 받아서도 안
돼요. 적절히 주고받아야 합니다. 너무
주기만 하면 건강한 관계가 아님을
명심하세요.

연애도 전성기가 있고, 결혼도
적절한 시기가 있습니다. 특히 사회에서
여자의 나이는 조금 불리한 게
사실입니다. 그러니, 적절한 시기가 되면
결혼도 생각해야 합니다.

실수나 순간의 감정으로라도
'헤어지자'라는 말을 하지
마세요. 그 말은 오래 생각을
하고 말하는 거예요.

상대방에게 칭찬을
많이 해줘야 합니다.
칭찬하는 습관을 지녀야
건강한 관계가 됩니다.

과거 이야기는 서로
깊게 묻지 마세요. 언젠가
안 좋은 말로 돌아 올 거예요.

서로의 돈을 아끼는 사람을
좋아합니다. 과소비하거나,
상대방의 돈을 우선시하는
사람은 조심하세요.

연애는 결혼이 아닌 만큼 서로 헤어질 수도
있는 게 당연한 거예요. 쉽게 사귀고,
쉽게 헤어지라는 게 아닙니다. 그저,
이 사람만이 정답이라고 생각할 필요는 없다는
거예요. 분명 나에게 더 잘 맞는 인연은
존재하기 마련입니다. 이 사람 아니면 안 될 것
같아도, 시간이 지나서 다른 사람 몇 명
만나보면 다 잊히게 되어있습니다.

10대와 20대 시기에는 상대방의 외모나 성격
같은 1~2개 조건만 보고 사귀지만, 30대가
되면 오히려 많은 조건을 보게 되면서 연애가
깐깐해지는 경향이 있어요. ex) 결혼을 염두 해
둬야 해서 재산과 연봉도 봐야 하고, 상대 집안,
학벌, 취미, 외모, 성격 등등 골고루 보게 됩니다.

상대를 억지로 바꾸려 하지 말아요,
괜히 싸움만 납니다. 그저, 상대에게
권유하거나 동기부여 해보고, 만일 변화가
되지 않는다면 포기하는 수밖에 없어요.
포기요? 내가 다 양보하고 다 짊어지고
가거나, 그 사람과 헤어지던지 말이죠.

남자와 여자의 연애에 관한 책, 심리 책
등도 읽어보면 도움 됩니다. 서로의 뇌,
DNA, 종족 본능을 이해하면
서로의 이해의 폭이 넓어집니다.

옷, 피부, 운동 등 외모에 소홀하지
마세요. 사람은 첫째로 외모와 겉모습에
반할 확률이 높습니다. 내 사람이어도
계속 멋있어 보이고, 예뻐 보이고,
관리하는 모습을 보여야 합니다.

미션

1) 남자와 여자의 사고 차이, 행동 차이를 찾아보기

2) 구글과 유튜브에서 연애 현실 조언, 결혼 현실 조언 찾아보기

3) 부모님께 어떤 사람이랑 연애하고 결혼하면 좋은지, 이 책을 보여주며 여쭤보기

'성'에 대해 제대로
배워야 하는 이유

　'성(性)'은 꼭 필요한 주제임에도 한국 사회에서 굉장히 예민한 탓에 책에서 꼭 다뤄야 하나 망설인 적도 있었습니다. 하지만, 다시 마음을 고쳐먹고 짧게라도 성교육 이야기를 꼭 해야 한다고 생각했습니다. 왜냐하면, 성 인식이 제대로 되지 않은 채 성관계를 함으로써 10대~20대 시기에 인생이 망가지는 경우를 많이 봐 왔기 때문입니다. 즉, 성관계로 인해 '진로'가 확 바뀌는 경우가 적지 않기에, 어른과 함께 이 부분을 '제대로' 공부했으면 합니다.

가령, 성병의 종류와 성병에 걸리는 이유, 자위를 하는 올바른 방법, 콘돔 사용법과 피임의 중요성, 임신이 가져오는 책임감과 그로 인해 바뀌거나 포기하게 되는 현실적인 인생 등을 미리 정리해 둬야 합니다. 또한 시중에 나온 성교육 책, 성교육 강사의 강연을 다양하게 들어봐야 합니다. 왜냐하면 대한민국에서의 성교육은 특정 종교 기반의 성교육, 페미니즘 기반의 성교육, 진보적 가치의 성교육, 보수적 가치의 성교육 등이 어우러져 있어 나에게 맞는 방향을 찾는 것이 중요하기 때문입니다. 여러 가지 가치의 성교육을 통해 합리적인 성의 철학을 만드는 것이 중요합니다.

우리나라도 점점 글로벌 기준에 맞게 성교육이 발전하고 있어서 다행이긴 합니다만 여전히 딱딱하고 재미없는 수업 방식이 존재하고, 많은 학부모의 반대가 있기도 합니다. 특히, 콘돔 실습만 하더라도 일부 학부모가 '아이들한테 직접적인 성교육을 하지 말라'는 등 실습 교육에 반대하는 뉴스가 여전히 나오고 있습니다. 그럼에도, 올바른 성교육은 평생의 인성 교육이고, 인생이 바뀔 중요한 진로 교육의 일부이며, 사람에 대한 책임감 교육임을 꼭 깨닫고 10대 시절에 제대로 중심을 잡아둬야 합니다. 학교나 가정에서 이루어지는 '성교육'을 통해 성범죄 예방뿐 아니라 국가적인 저출산 위기 개선의 시작으로도 인색해서 올바른 성에 대한 가치관과 방식을 공부하면 좋겠습니다. 중요한 건 성은 '행위'이기도 하지만, 성을 통해 '관계'를 형성하는 과정임을 명심해야 합니다. 한사람이 일방적으로 하는 것이 아닌 상호성, 즉, 상대를 위하는 마음이 기본이 되어야 합니다.

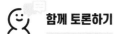
함께 토론하기

1) 10대와 20대 초반에 임신하면 포기하게 되는 것, 반대로 얻게 되는 건 뭐가 있을까?

2) 자위를 하는 것이 건강상 나쁜 것일까? 자위는 어떻게 해야 할까? 자위행위는 잘못된 행동일까?

3) 불법 야동을 내려받거나, 연인 간의 관계 영상을 유포하면 성범죄자가 된다. 성범죄자가 되면 받게 되는 법적 처벌과 일상에서의 제한사항은 무엇이 있을까?

ex) 취업 제한, 사회적 감시, 전자발찌 착용 등

미션

1) 일반적, 보수적, 개방적, 페미니즘, 종교 기반의 성교육 다양하게 들어보기

2) 남자의 몸, 여자의 몸에 대해 이해하고, 임신 과정 이해하기

3) 성추행, 성폭행 사례 찾아보기, 반면 성 관련 억울한 무고죄 찾아보기

ex) 성폭행 유튜브 '성폭행, 성추행' 검색하면 수백 개 나옴

4) 바람직한 피임방법(콘돔의 종류와 사용법)을 직접 실천해 보기

5) 성병 찾아보고 (자궁경부암, 헤르페스/콘딜로마, 사면발니) 예방법 정리하기

6) 성범죄 관련 징역과 벌금 찾아보기

연애 잘하는 방법

결혼을 하려면 먼저 연애를 해야겠지요? 내가 원하는 이상형의 연인을 만나려면 나 역시 그 사람의 이상형이 될 준비가 되어있어야 합니다. 이를 위해 어떤 준비를 해야 하는지, 보편적인 기준에 대해 알아보고 연애를 잘하는 방법도 알아봅시다.

1. 실제적 능력 키우기

- 공부를 잘해서 전문 자격증(의사, 약사 등)을 취득하며 직업으로 어필하기

- 좋은 직장(취업, 창업)에 다니며 안정성과 경제력으로 어필하기

- 사업과 재테크로 돈 많이 벌어서 경제력으로 어필하기

- 20대에 차를 소유해서 이성에게 매력적으로 어필하기

- 유머러스함, 배려, 센스, 눈치 키우기

- 말 잘하는 능력, 호감 가는 말투, 배려하는 말투, 신뢰도 있는 말투로 바꾸기

- 경제, 일반 상식 키우기(이성은 똑똑한 사람에게 매력을 느낀다)

- 배울 점 많은 사람, 존경할 만한 면이 많은 사람이 되기

- 운동으로 건강해 보이는 몸을 만들기

- 당당한 모습, 자신감 있는 모습, 바른 모습 보이기

2. 외모 가꾸기

- 쌍꺼풀수술, 치아교정, 스케일링 주기적으로 하기
- 나에게 잘 맞는 헤어스타일로 바꾸기, 왁스와 스프레이 잘 쓰기
- 머리 세팅의 가장 중요한 것은 헤어드라이어 사용! 연습해서 스타일링 잘하기
- 하루 중에 립밤을 수시로 바르기, 토너, 스킨, 보습크림으로 보습 매일 하기
- 여드름 흉터 연고 꼭 바르기. 면도는 셰이빙폼으로 상처 안 나게 하기
- 화장도 연습하면 실력이 는다 = 화장은 연애의 최고 무기
- 은은하게 향수를 뿌리며 호감도 높이기
- 빨래 냄새 안 나게 잘하고, 구겨지게 입지 않기
- 피부과에서 관리받기 특히, 선크림은 집안에서도, 집 밖에서도 매일 바르기
- 비싼 옷 아니어도 깔끔하게 입기 색채 조합에 대한 이해도 높이기
- 자신에게 맞는 안경(안경테)을 쓰거나, 라식 또는 라섹을 해서 안경 벗기, 점 빼기
- 손톱, 발톱, 눈썹, 코털 정리는 필수

3. 체형 바꾸기 및 건강 관리하기

- 다이어트, 요가, 러닝, 헬스 및 턱걸이로 어깨 넓히기, 팔굽혀펴기로 가슴과 삼두근 키우기
- 특히, 키가 작고 마른 사람이라면 헬스로 몸 키우기
- 탄수화물을 줄이고 러닝을 꾸준히 하기
- 탄산음료를 줄이고, 물 꾸준히 마시기, 커피 줄이기
- 하체 운동과 명상을 하루에 3분씩 매일 하기
- 굽은 어깨, 오다리, 전방경사(오리 궁둥이), 골반 삐뚤어짐 교정하기
- 식이요법 하기, 패스트푸드 멀리하기
- 술, 담배, 야식 자제하기

- 알레르기 검사하기, 나와 맞는 음식과 나와 안 맞는 음식 구분하기

4. 성격과 행동 바꾸기

- 이웃에게 먼저 인사하기 = 상냥한 사회성은 모두에게 호감
- 거울 앞에서 자주 웃는 연습을 하고, '고생했어', '아까 OO 잘했어'라고 스스로 칭찬하기
- 하루에 3번 이상 칭찬하기: 가족 칭찬, 친구 칭찬, 잘 모르는 사람의 SNS에 칭찬하기
- 듣기 좋은 말투, 톤 바꾸기

  = 말투 책 5권 읽어보기

  = 호감 가는 말투 vs 책임감 없는 말투, 공격적 말투, 뭐가 더 좋을까?

  ex) 두루뭉술하게 말하지 말기, 공감 가는 말투 사용하기, 또렷하고 분명하게 발성하기

  = 나쁜 말투 고치기('기분 나빠 하지 말고 들어', '왜? 내가 틀린 말 했어?' 등)

  = 목소리 톤과 발성을 바꿔서 분위기를 바꾸기
- 고맙거나 미안한 일이 있다면 구체적으로 표현하기
- 시간 지나면 거의 다 별거 아니니, 웬만한 건 둥글게 넘어가기

  = 지나치게 따지거나 불만이 많은 사람보다는 둥근 느낌의 사람이 되도록 하기
- 주기적으로 물건을 버리고 비우기

5. 싸울 때 잘 싸우기

- 싸울 때 과거 사건까지 꺼내, 연결해서 싸우지 않기
- 싸우다가 심해질 것 같으면 잠시 그 현장을 벗어나 1~2시간 정도 떨어져 있다가 감정이 가라앉고 나면 대화 시작하기
- 문제를 억지로 덮지 말고, 충분히 대화하며 풀기

- 서로의 발언 기회를 충분히 듣고, 내 이야기 하기

  ex) 스톱워치 사용하기

- 상대가 싫어하는 것이 무엇인지 미리 알아두고 최대한 안 하기

  ex) 약속 시간 늦지 않기

- 싸우는 주제를 벗어나지 말고, 확대하지 말기

 미션

1) 유튜브에서 '이런 사람과 연애하라' 찾아서 시청하기

2) 나는 어떤 사람과 연애하고 싶은지 자세히 정리해 보기

3) 내가 꼭 바꾸고 싶은 단점과 약점을 적어보고 고치려고 노력해 보기

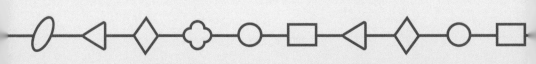

다섯 번째
공부,

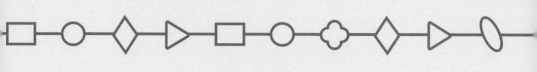

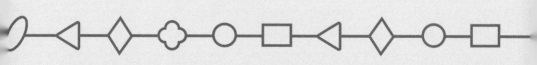

돈에 큰 관심을
가져라

　제가 현장 강연을 할 때마다 10대에게 돈과 관련된 질문을 많이 듣는데요, 저는 그 말을 들을 때마다 기분이 좋습니다. 공부를 잘하든 못하든 돈을 잘 벌면 행복해질 확률이 높기 때문입니다. 그래서 저는 대답을 잘하거나, 일찍 오거나, 인사를 잘하면 1,000~5,000원을 선물로 종종 주곤 합니다. 제가 돈이 많아서가 아닌, 제가 주는 그 돈을 통해 그 친구가 '강력한 동기부여', '돈의 달콤함'을 느끼고 돈을 긍정적으로 생각하길 바라서입니다.

저는 여러분이 돈 버는 것에 큰 관심을 가졌으면 합니다. 관심을 넘어서, 돈을 사랑하면 좋겠고, 돈을 벌고 싶어서 잠자는 시간을 아까워하면 좋겠습니다. 온종일 돈 벌 생각을 하고, 돈 버는 사람을 존경하고, 돈 벌어서 뭐 할지 행복한 상상을 자주 하면 좋겠습니다. 왜냐고요? 인생에서 돈은 정말 소중하고 중요하기 때문입니다. 간혹 누군가는 '돈이 전부가 아니다'라고 하는데요, 분명 일리 있는 말입니다. 돈 말고도 소중한 건 참 많으니까요. 그러나 돈이 없으면 불편하고, 돈으로 인해 더러운 꼴을 피할 수 있는 것 또한 사실입니다.

돈을 가지면 좋은 것들

1) 부모님과 나의 자녀가 고생 안 하고, 하고 싶은 걸 하게 해줄 수 있다.
2) 돈으로 물건, 시간, 공간, 사람 등 웬만한 건 다 살 수 있다.
3) 경제적 여유가 생겨서, 행동과 말, 인간관계에 여유가 생기고 더 좋은 사람으로 변한다.
4) 돈 때문에 더러운 꼴을 안 보게 되고, 어려운 부탁을 안 해도 된다.
5) 소비를 많이 해서 경제 활성화에 이바지할 수 있다.
6) 돈과 시간을 교환해 내가 정말로 하고 싶은 것을 할 수 있다.
7) 돈 때문에 건강이 상할 일이 없어지고, 더 좋은 치료를 받을 수 있다.

간혹 돈을 좋아하면 돈벌레, 인간미 없는 사람, 천박한 사람으로 치부하는 사람이 있는데요, 그런 사람들은 멀리하세요. 또 부자를 무조건 나쁜 사람으로 묘사하거나 부자를 나쁘게 말하는 사람들, 돈을 열심히 벌려는 사람에게 '뭐 굳이 열심히 살아? 적당히 있으면 되지~'라고 말하는 사람이 있다면 그런 사람들도 멀리하기를 바랍니다. 왜 열심히 돈 벌려고 하는 사람을 군이 멈춰 세울까요? 돈으로 어려운 사람을 돕고, 세상을 바꾸고, 내 가족이 풍족하며, 소비도 즐겁게 할 수 있으니 좋은 건데, 왜 돈 벌려고 열심히 일하는 사람들에게 '적당히' 살라고 할까요? 올바른 어른이라면 돈을 열심히 벌라고 해야지, 돈은 중요한 게 아니라고 해서는 절대 안 됩니다. 진짜 여러분을 아끼는 어른이라면 돈이 정말 중요하니, 돈을 잘 벌어야 하는 이유와 부자가 되기 위해 실행력을 기르라고 말하게 되어있습니다. 사기꾼이나, 범죄자처럼 돈을 나쁘게 버는 사람이 나쁜 거지, 성실히 일하고, 머리를 잘 써서 부자가 된 사람은 아무 잘못이 없습니다.

우리가 결국 대입을 준비하는 이유는 꿈의 실현도 있지만, 돈을 잘 버는 직업을 갖기 위함이 크고, 입시에서 '의치한'이 인기 있는 이유도 그 중심에는 돈이 있습니다. 또한, 취업 이후에도 재테크를 통해 '돈'을 모아야 하고, 또 결혼할 때도 남녀 집안이 서로의 재산을 확인합니다. 만일, 의대에 갔는데 월 300만 원을 번다고 하면 과연 의대 열풍이 지금처럼 지속될까요? 또, 사무직보다 현장직이 돈을 3배 이상 더 번다면 어떻게 될까요? 이렇듯, 인생에서 돈은 매우 중요한 요소이고, 나를 더 행복하게 만들어줄 도구이자 수단입니다. 그러니, 돈을 나쁘게 바라보지 말고, 오히려 사랑하고 큰 관심을 가지기를 바랍니다. 공부는 못해도 됩니다만, 돈은 꼭 어느 정도는 벌었으면 합니다.

혹시나, '돈을 나쁘게 보지는 않지만 딱히 갖고 싶지는 않고, 소소하게 살래요~'라고 한다면 그런 삶도 충분히 가치 있습니다. 누군가는 의류 사업을 할 수도 있지만, 누군가는 뜨개질로 소박하게 살아갈 수도 있고, 또 누군가는 대중음악을 할 수도 있지만, 누군가는 조용한 인디음악을 하며 살아갈 수 있으니까요. 그럼에도 중요한 것은 돈을 아예 멀리할 필요는 없다는 것입니다. 또 남이 돈 벌려고 할 때 옆에서 뭐라고 하지 말라는 것입니다. 어른들은 여러분이 행복을 추구하더라도 돈이 필요할 때 돈이 없어서 불편할 상황을 만들지 않기를 바랍니다. 왜냐하면, 중증 외상 환자를 치료하려면 수천만 원에서 수억 원의 병원비가 필요하고, 노후에는 일할 수 없기에 젊었을 때 모아둔 돈으로 노년을 보내야 하는 등 병원비, 긴급 상황, 노후 자금을 대비해야 하기 때문입니다. 그러니 어느 정도의 돈은 늘 저축해 두면서, 마음 편한 삶을 살아갔으면 합니다.

미션

- 돈이라는 단어 A4용지에 100번 써보고, 눈에 보이는 곳에 붙여두기
- '돈 많이 벌자' 100번 써보고, 액자로 걸어두기
- 내 힘으로 돈을 벌어서 편지와 함께 부모님이 좋아하실만한 선물 사드리기

생각거리 6

돈을 벌기 전에 꼭 해야 할 질문들

1. **돈으로 할 수 있는 가치 있는 일, 그리고 돈의 가장 큰 장점은 무엇이 있을까요?**

    1) 가족의 병을 고치고 병원비를 낼 수 있다.

    2) 세금 납부로 국가 운영에 일조할 수 있다.

    3) 시간적 자유를 얻어 내가 원하는 휴식과 일을 하며 살 수 있다.

    4) 어려운 사람을 돕는 기부를 할 수 있다.

    5) 하기 싫은 일을 안 할 수 있는 든든한 보험이 될 수 있다.

    6) 기타(적어보기) :

2. **돈을 많이 가졌거나, 돈을 가지려는 과정에서 가장 추악한 일은?**

    1) 갑질, 비리와 조작, 고위 공직자들의 부정부패, 청탁, 정보와 직권 남용

    2) 돈을 가지는 과정에서 범죄, 도덕성 해이 문제

    3) 황금만능주의, 배금주의, 물질만능주의, 천민자본주의

    (= '돈이 최고다~'라는 사상, 돈으로 살 수 없는 것은 없다는 생각)

    4) 열악한 산업재해 현장으로 돈이 간절한 사람을 내몰게 된다.

    5) 기타(적어보기) :

3. **돈으로 살 수 없는 것들이 있다면 무엇이 있을까요?**

    _____

    _____

4. 재산이 어느정도 있으면 행복할 거라고 생각하나요?

_____

_____

_____

_____

_____

5. 앞으로의 목표 자산 그리고 희망 월수입은 얼마인가요?

	~38세	~48세	~58세	~68세
월수입 (만 원)				
자산 (억 원)				
차 이름				
집 평수/ 위치/형태				

6. 가장 친한 친구가 정말 급하다며 친구인 당신에게 차용증을 써줄 테니 돈을 빌려 달라고 한다면?

1) 빌려줄 건가요?

2) 빌려준다면 얼마까지 빌려줄 건가요?

3) 거절한다면 어떻게 거절할 건가요?

4) 거절했는데도 눈물 흘리면서 꼭 빌려달라고 진심으로 말하면 어떻게 할 건가요?

5) 돈을 빌려줬는데, 친구가 연락이 안 되거나 갚는다고 말만 하고 미룬다면 어떻게 할 건가요?

7. 내 주변 또는 가족 주변에서 가장 큰 부자는 누구이고 어떻게 부자가 되었나요?

8. 우리 동네에서 가장 장사가 잘되는 가게는 어디이고, 한 달에 얼마를 벌 것 같나요?

   (메뉴 단가, 테이블, 하루 운영시간, 주말과 평일 차이 등 고려해 계산해 보기)

9. 유재석, 아이유, BTS의 재산은 얼마나 될까요? 한번 계산해 봅시다.

   (출연료, 공연, CF, 재테크, 각종 세금 40~50%, 기부 등 고려해 보기)

10. 연봉 3억 원을 받으면 세금으로 얼마나 나갈 것 같나요?

    (네이버에서 '연봉 계산기'를 검색하고 '희망 연봉'을 여러 개 기입해 보기)

	내 생각	실제
건강보험, 국민연금		
종합소득세, 지방세		

11. 돈을 많이 버는 사람들은 어떤 성격/성향/특징을 갖는 것 같나요?

_____

_____

_____

_____

12. 세상은 공부머리를 가지거나, 돈머리와 일머리를 가지도록 설계된 것을 아나요? 과연 나는 공부머리, 돈머리, 일머리 중 어떤 것이 발달되어 있을까요? 이를 더 발달시키기 위해 나는 무엇을 더 해야 할까요?

(※싱가포르, 독일, 유럽은 초·중등에 자신의 진로를 정하도록 교육커리큘럼이 마련되어 있음)

_____

_____

_____

_____

13. 혼자 힘으로 20억 원 이상 벌려면 뭐를 해야 할까요? 3가지 방법을 생각해 봅시다.

_____

_____

_____

_____

부자가 되는
5가지 방법

　　여러분이 느끼기에 '부자'의 기준은 얼마의 자산을 가진 사람인가요? 100억 원, 50억 원, 30억 원, 10억 원, 5억 원 다 다를 수 있겠지만, 저는 20억 원이면 부자라고 생각합니다. 그렇다면 부자가 되는 방법은 뭐가 있을까요? 로또? 주식? 코인? 사업? 부동산? 부자가 되는 방법은 여러 가지지만 유형을 크게 구분하면 5가지로 정리할 수 있습니다. 최근 10년간 부자가 된 여러분 선배들의 답변을 유형화한 것이니 자세히 읽어보기를 바랍니다.

1) 성적을 살려 취업하기

= 공부를 잘해서 '높은 연봉'을 받는 회사에 취업하기

ex) 대기업, 공기업, 병원, 로펌(법무법인), 대형 약국 등 전문직 회사 취업

→ 유튜브 '캐치TV', 의사, 변호사 수입 검색해 보기

2) 기술을 살려 취업하기

= 땀 많이 흘리며 몸으로 일하는 직업

ex) 에어컨 청소, 레미콘트럭, 태양광 설치, 집게차 기사, 명품 수선사, 택배기사, 타일 시공, 철거, 전기 배선, 쓰레기 청소, 드론 조종, 담장 시공, 광택 기사, 버스

기사, 소 육가공, 장판 시공, 하수구 청소, 마루 시공, 쿠팡맨, 로프공, 간판 작업, 창틀, 아스팔트 등

→ 유튜브 '갈때까지간 남자' 찾아보기, 유튜브에서 에어컨 설치 수입, 창틀 시공 수입 등 찾아보기

3) 창업하기

= 프랜차이즈, 나만의 회사 창업

= 영업과 홍보에 대한 스트레스 존재, 잘하면 근로소득보다 훨씬 많은 돈을 벌 수 있음

= 내가 사장인 만큼 윗사람에 대한 스트레스는 없음, 다만 '직원 관리' 스트레스 존재

ex) 배스킨라빈스, 파리바게뜨, 본도시락, 본죽, 교촌치킨, 올리브영, 맘스터치 등 프랜차이즈, IT회사 창업, 제조업 창업, 마케팅 회사, 방충망 회사, 벌레퇴치 회사, 배달 전문 식당 창업, 귀농, 귀어, 스마트팜, 전문직 개원 등

→ 유튜브 'EO 이오' 찾아보기, 대한민국 청소년 창업경진대회 알아보기

4) 재테크하기

= 자본주의에서 '재테크'는 반드시 해야 할 코스

ex) 부동산, 주식, 가상화폐(코인), 금, 은, 달러, 미술품 등

→ 실전 재테크 모임에 들어가서 10대로 참여해 보기

→ 네이버 인플루언서 '루지', '에코마마', '풍백' 블로그 서로이웃 맺기

5) 투잡, 쓰리잡 하기

= 본업 이외에 부업을 병행 (퇴근 후 or 주말을 이용)

ex) 유튜브, 무인 아이스크림, 스마트스토어/쿠팡, 배달 대행, 대리운전 등

→ 유튜브에 '주언규', '전효백', '주는사란', '절약왕 정약용' 검색해 보기

돈 버는
실전 능력 기르기

돈을 잘 벌기 위해 가장 먼저 해야 할 일이 있습니다. 바로 돈을 모으는 것입니다. 그리고 돈을 어떻게 사용할 것인지 원칙을 정하고 그것에 맞게 사용해야 합니다. 어느 정도 돈이 모이면 그 돈으로 투자도 할 수 있겠죠.

잘 모으고, 잘 소비하기

1,000원을 벌고 1,000원을 쓰면 돈을 벌어도 소용이 없습니다. 돈을 잘 모으기 위해 낭비되는 곳은 없는지 점검해 봅시다. 가족 구성원이 한 달 동안 사용하는 내역을 살펴보며 얼마나 많은 돈이 나가고 있는지 체감하고, 부모님의 헌신과 고생도 함께 느껴봅시다.

우리 가족 한 달 가계부

구분		예시	부모님과 함께 작성하기
월 수입 (알바, 과외, 기타 수입)		300만 원	
지출	**식비** (3끼 기준)	외식(OO버거) 8,000원 장보기(OO마트)30,000원X 월 5회=150,000원	
	생필품비	샴푸 12,000원 휴지 6,000원	
	통신비	통신비(OO텔레콤) 50,000원 인터넷비 35,000원	
	관리비	수도요금 15,000원 전기요금 40,000원 가스비 30,000원	
	교통비	버스비 1,500원x월20회 =20,000원	
	미용/의류비	화장품 30,000원 커트비 17,000원	
	문화생활비	책 구매 15,000원 영화비 15,000원*월1회 =15,000원	
	의료비	병원비 20,000원 약값 10,000원	
	경조사비	결혼식 50,000원	
	저축	적금 300,000원	
	기타	보험료 200,000원 세금 80,000원	
잔액			

돈의 원칙 세우기

돈을 모으는 것도 중요하고, 모은 돈을 잘 지키는 것도 중요합니다. 돈을 잘 지키고 잘 사용하기 위해 어떤 원칙들을 세워야 하는지 살펴보고 자신만의 원칙도 세워봅시다.

1) 절대 큰돈을 빌려주지 말자

누군가가 돈을 빌려달라고 하면 은행에서 돈 빌리는 걸 거절당했을 정도로 '신용등급'이 망가진 상태입니다. 만일, 도와주고 싶은데, 관계를 잃고 싶지 않다면 적은 돈만 빌려주기를 바랍니다. 의리요? 둘도 없는 친구라고요? 괜히 돈을 빌려줬다가 관계가 더 훼손됩니다. 제가 산증인입니다. 같이 강물에 휩쓸려 내려가는 꼴이 될 수가 있습니다.

2) 사기꾼을 조심하자

세상에는 사기꾼이 너무 많습니다. 외국에서 같은 동포라고 사기치는 사람, 돈 자랑, 차 자랑, 집 자랑하며 투자하게 만드는 사람, 쉽게 돈 벌 수 있다고 투자하라고 하는 사람, 경제적 자유 운운하는 사람, 월 1,000만 원 쉽게 번다고 꼬시는 사람 등 너무 많습니다. 사람뿐 아니라 눈에 보이는 문서도 100% 믿지 말아야 합니다. 문서를 가짜로 만들어서 속이고, 공문서도 위조하고, 앱과 프로그램도 다 위조하는 요즘입니다. 주식 프로그램, 부동산 등기, 국세청 자료도 속이는 사람이 많습니다. 영향력 있는 인플루언서, 연예인이라고 믿음직하다? 절대 돈과 관련해서는 조심하고 또 조심하기를 바랍니다. 돈과 관련된 결정을 할 때는 주위에 똑똑한 사람 2~3명에게 교차 검증하며 꼭 문의하는 습관을 지녀야 합니다. 확인하는 게 귀찮거나, 주위에 미안한 건 잠깐이고 돈을 지키는 것이 최우선입니다.

3) 전세 사기, 다단계 사기 등을 공부하자

P2P사기, 피싱, 파밍, 스미싱 등 별의별 사기행위가 많습니다. 특히, AI, 딥페이크(얼굴 및 목소리) 등으로 보이스피싱을 하는 별의별 금융 사기가 늘어나고 있습니다. 가족을 포함한 그 누구나 '대면으로 직접' 돈을 빌려 달라고 하는 게 아니라면 톡, 문자, DM, 전화를 믿지 마세요.

4) 사채는 절대 쓰지 말자

생각보다 이자가 너무 높고, 음지에서 안 좋은 일이 많이 발생합니다.

5) 가계부를 쓰자

가계부는 수도꼭지입니다. 돈의 소비를 제대로 꽉 잠그지 않으면, 돈이 콸콸 흘러나가 투자할 내 종잣돈이 사라지게 됩니다. 가계부를 꼭 쓰기 바랍니다.

6) 저축을 기본으로 하자

항상 예비비를 가지고 있어야 합니다. 특히, 토스뱅크, 카카오뱅크 같은 인터넷은행도 잘 활용하기를 바랍니다. 웬만하면 1금융권에서 예금과 적금을 하고, 예금자보호법 1억 원을 분산하기를 바랍니다.

7) 재테크는 꼭 하자

내가 잘 때 지구 반대편 미국 주식이 돈을 벌고 있고, 내가 만든 네이버 '스마트스토어'가 새벽에도 혼자 알아서 일하고 있음을 깨달아야 합니다. 돈나무는 심어만 두면 혼자서 24시간 무럭무럭 자라납니다. 우리의 몸은 이민을 못 가도, 우리의 돈은 미국으로, 동남아로, 일본으로 이민 갈 수 있습니다. 그렇게 여러 재테크를 하기 바랍니다. 젊을 때일수록 다양하게 투자해 봐야 나에게 맞는 걸 찾게 됩니다.

8) 꼭 필요한 것만 구매하자

유행 타지 않는 것, 오래 활용 가능한 것, 나를 오랫동안 돋보이게 하는 것을 구매합시다. 클래식과 시대에 뒤떨어진 건 다른 개념입니다. 클래식은 오래 지나도 가치가 유지되고, 촌스럽지 않은 특성이 있습니다. 가령, 폴로, 무난한 색상의 카디건과 니트, 나이키 운동화, 리바이스 청바지, 반스, 컨버스, 무지 티셔츠 등이 예시입니다. 또한 추가로 돈이 나가는 것을 막아줄 소비를 하는 것도 좋습니다. 병원비 안 나가게 도와줄 편한 운동화, 감기를 막아줄 목폴라 티셔츠, 허리에 좋은 의자, 피부과 안 가게 도와줄 선크림 등이 예시입니다.

9) 대출을 두려워하지 말자

"대출받으면 큰일 난다~ 적금이나 들고 착실하게 일이나 해~" 어쩌면 부자와 서민을 가르는 가장 정확한 문장이지 않나 싶습니다. 부자는 빚지는 걸 두려워하지 않는데, 일반인들은 왜 이렇게 대출을 나쁘게 생각할까요? 다만, 잘 받고 잘 관리하기를 바랍니다. 왕창 대출받아서 도박처럼 '한 방에 인생 뒤집자!' 이런 것은 잘못된 생각이니까요.

10) 돈을 벌 궁리를 하자

남들이 좋아하는 것, 남들이 관심 있어 하는 걸 금방 찾을 수 있어야 합니다. 즉, 내가 하고 싶고, 내가 관심 있는 것이 아니라 남들이 원하는 걸 해야 합니다. 유튜브를 해도 동물, 연애, 스포츠처럼 누구나 좋아할 만한 대중적인 소재를 해야 하고, 사업을 해도 대중적인 걸 해야 큰돈이 됩니다. 또한, 타인을 대신해 주는 연습을 하는 것도 필요합니다. 사람들의 불편을 해결해 주고, 어려운 걸 쉽게 해주고, 하기 싫은 걸 대신 해주는 게 사업의 원리이기 때문입니다.

- 사기 관련 기사 10개 읽어보고 사기꾼을 조심하도록 미리미리 공부하기
- 네이버 카페 '백두산'에서 각종 유사수신행위, 폰지사기(다단계 금융사기) 등 사례 찾아보고 그 피해자 입장이 되어 얼마나 가슴 아플지 느껴보기
- 네이버 가계부, 뱅크샐러드, 토스 가입해서 활용하기
- 은행에서 발간하는 부자보고서 PDF 3년 치 꼭 읽어보기
- 앞으로 쿠팡과 네이버의 경쟁자는 알리바바, 아마존, 테무이므로 가족이 함께 해외에서 쇼핑하며 가격과 배송기간 등 장단점 느껴보기
- 인터넷 은행 카카오뱅크, 토스뱅크, 케이뱅크 들어가서 편리함 느껴보기

잘 투자하기

잘 모으고 잘 지킨 돈으로 투자를 해 봅시다. 이제 투자는 필수인 시대입니다. 월급 인상률보다 물가 인상률이 더 높기 때문이에요. 사람들이 가장 많이 하는 주식, 부동산, 사업 3가지의 장단점을 살펴보고 나

에게 맞는 투자 방법을 찾아보세요.

10년 전에 1억 원을 투자했다면, 지금 얼마일까?

투자처		10년 전	현재(2025년 2월 기준)	비고
부동산	성수동 트리마제	15억 원	42억 원	약 3배
	연예인 00건물	50억 원	300억 원	약 6배
국내주식	sk하이닉스	3만 5,000원	19만 원	약 5배
	메리츠금융지주	1만 4,000원	12만 원	약 11배
미국주식	애플	17달러	190달러	약 11배
	마이크로소프트	37달러	398달러	약 11배
가상화폐	비트코인	41만 원	1억 2,000만 원	약 300배
현금	적금	1억 원	1억 5,000만 원	1.5배

1) 주식

주식은 기업에 투자하는 개념입니다. 가장 적은 돈으로 시작할 수 있다는 장점이 있습니다. 접근성이 좋은 만큼 위험부담도 크기 때문에 회사 재무제표 분석 등 많은 공부가 필요합니다. 우량주 위주로, 자신이 관리할 수 있을 만큼의 종목 내에서 조금씩 사고팔며 시작하는 것을 권합니다. 빨리 부자가 되려는 생각보다 오래 한다는 생각으로 투자하세요.

- 온 가족이 모의투자 대회(연습 게임)에 도전해서 상위권이 되면 그 뒤에 실제 돈을 투자하기

- 네이버에서 증권사 리포트 3개 똑같이 만들어 보기

  EX) 기아자동차, 고려아연, 한국콜마 등
- 가족법인 세워서 투자해 보기(아이들이 일하는 게 아니라 돈이 일하게 하기)

  ex) 자녀가 모은 용돈과 부모님이 물려줄 증여 금액을 합해 법인을 세워서 장기투자 시작해 보기
- 미래 성장주 및 '디즈니', '테슬라', '코카콜라', '네슬레' 등 친숙한 회사에 투자해 보기
- 수익금이 달러로 입금되는 유튜브를 운영하는 등 달러 벌어보기(원화의 가치보다 달러의 가치가 높음)

2) 부동산

건물, 땅 등에 투자하는 개념입니다. 목돈이 마련될 때까지 시간이 많으니 미리미리 공부해 두세요.

- 부동산 투자로 부자가 된 사람 5명 만나보고 질문해 보기
- 주위에 리모델링하려는 지인이 있으면 함께 '셀프 리모델링'을 제안하고 도전해 보기

  ex) 도배, 타일, 전구 교체, 손잡이 교체, 도어락 교체 등 유튜브 '강쌤철물' 참조
- '문고리닷컴' 오프라인 지점 방문, 논현동 타일 거리, 에이스 하드웨어 방문해 보기
- 부모님과 함께 재건축할 수 있는 지역의 아파트, 빌라, 상가를 둘러보기
- 온 가족이 일본 '미나토구 특구'를 분석해 보며 한국의 부동산 미래를 토론해 보기
- 신도시 아파트, 지방의 호재가 있는 도시 등을 임장(방문)해 보기: 주차 대수

체크, 조망권 확인, 소음 발생 여부(놀이터, 대로변), 악취(축사, 쓰레기 소각장), 수압 체크, 곰팡이 체크, 세대수 체크, 관리비 체크, 주변 인프라(도로, 버스, 지하철 등), 직접 걸어보며 도보 시간 점검해 보기(버스정류장까지 도보 시간을 네이버 지도와 비교해 보기), 다녀와서 보고서 작성하기
- 서울, 경기도, 지방 등 1인당 3곳의 동네를 선정하고, 가족끼리 부동산 모의 투자해 보기

3) 사업

프랜차이즈 가게를 운영하거나 나만의 회사를 차려보는 겁니다. 쿠팡에서 '뿌리상회 용돈피자'를 검색해 보세요. 제가 2년 전에 친한 동생에게 무료로 양도한 아이템입니다. 지금은 그 동생이 본업이 바빠져서 신경을 많이 못 쓰고 있다고 하지만 그래도 여전히 잘 팔린다고 합니다.

우리나라에서 제일 처음으로 '용돈피자'를 개발했기에 시장을 초기 선점할 수 있었습니다. 이후 후발 업체들이 저의 제품을 모방해서 출시하면서 '용돈피자'라는 아이템이 선물업계의 화젯거리가 되었습니다. 제 자랑을 하려는 게 아니라 제가 강조하고 싶은 것은 '사업'이란 것이 딱히 어렵지 않다는 겁니다. 여러분도 지금 마음만 먹으면 쉽게 사업을 시작할 수 있고, 쉽게 돈을 벌 수 있습니다. 제가 왜 '뿌리상회'에 들어가 보라고 했냐면, 그 안에 사업의 모든 원리가 들어있기 때문이에요.

먼저, 들어가면 상세페이지가 보일 텐데요, 글이 어떻게 쓰여 있고, 디자인이 어떻게 되어 있는지 '자세히' 살펴보세요. 고객이 이것을 사면 뭐가 좋은지 눈에 그려지게 글을 작성했고, 해외에서 인기 있는 말을 써서 '외국스러운 걸 좋아하는 심리'를 자극했어요. 또, 이것을 받는 사람이 어떤 행복감을 느낄지도 글로 표현을 해뒀고, 어떻게 선물을 조립하고 셋팅하는지 상세하게 설명돼서 고객이 쉽게 따라 할 수 있어요. 글쓰기의 중요성, 구매자의 심리가 담겨있는 상세페이지라는 면에서 여러분에게 귀감이 될 것 같아 자세히 보라고 한 거예요. 가능하다면, 이 상세페이지를 똑같이 만들어 보세요. 따라 만들어 보면 실력이 빨리 늘기 때문입니다. 참고로, '망고보드', '미리캔버스'라는 플랫폼에서 '쉽게' 만들었으니, 여러분도 그곳을 이용해서 만들 수 있어요.

여러분이 저처럼 리스크(위험) 적은 사업을 도전하면서 사업 역량도 늘리고, 돈도 벌고, 주변 사람들과 즐겁게 창업 활동을 할 수 있기를 바랍니다. 돈을 크게 잃지 않는다면 이 과정을 통해서 회사의 업무 이해, 장사의 원리, 사람을 응대하는 법 등을 배울 수 있기 때문입니다. 물론, 사업은 잘못해서 망해버리면, 내 인생을 낭비하는 원인이 되기도 합니다. 자칫하면 큰돈을 날릴 수도 있고, 시간과 건강을 잃을 수도 있으니까요. 그런 면에서, 위험이 적은 사업을 해보며 사업 역량을 길러보다가, 어느 정도 큰 사업을 할 준비가 되면 그때 제대로 된 사업을 해보면 됩니다. 그럼, 리스크가 확 줄어들 거예요. 그리고 국가에서 주는 창업 지원금을 받는 것도 매우 좋고, 학교의 창업동아리를 통해 창업을 연습해도 됩니다. 성공보다 성장 목적으로 창업을 도전해 보면 좋겠습니다.

마지막으로 돈을 잘 버는 선배들의 특징을 소개합니다. 나와 어떤 부분이 비슷하고 나에게 부족한 부분은 무엇인지 비교하며 읽어보세요.

부자가 된 선배들의 특징

* 무언가를 갖고 싶고 이루고 싶은 성취욕, 소유욕 등 각종 욕망이 강하다.
* 소비하는 것보다 생산하고, 기획하고, 제작하는 데 관심이 많다.
* 내가 좋아하는 것보다 사람들이 좋아하는 일을 한다. 그리고 그것을 잘 찾는다.
* 지금 핫한 것을 눈여겨보고 바로 적용한다.
  ex) 유튜브 '충주맨'
* 사람의 특성, 심리를 잘 알고 있다.
* 사람에게 하는 '인사'의 힘을 알고 있다.
* 어려운 것을 쉽게, 복잡한 것을 단순하게 설명할 '말발'과 '개념 정리'가 되어 있다.
* 잔머리, 일머리, 센스가 좋다.
* 성실하고 우직함이 있다.

- 내 시간과 타인의 시간을 소중히 여긴다.

- 말투에 자신감과 신뢰감이 묻어 있다.

- 내 사람들에게 돈을 쓰는 것을 아끼지 않고 통 크게 베푼다. 급여 대우도 잘해 준다.

- '구조'에 대한 이해가 빠르다.

  ex) 재테크 구조, 사업 구조, 사람을 잘 관리하는 구조

- 시스템을 만들어 운영함으로써, 사람이 빠지더라도 문제없이 잘 돌아가게 한다.

- 생각이 열려 있어 자신이 잘 모르는 분야도 유익하다고 생각하면 바로 배우거나 체험하려 한다.

- 바로 눈앞의 결과만 보지 않고 잠재성에 비중을 둔다.

- 시간을 아낄 수 있다면 조금 비싸더라도 바로 구매하는 경향이 있다.

- 실행력이 압도적으로 높다.

- 부지런한 경우가 많다.

- 새로운 것을 시도하는 데 주저함이 없다.

- 사람의 마음과 신뢰를 사기 위해 노력한다.

- 보수적이지만 해야 할 때는 공격적으로 투자한다.

- 사람을 보는 눈이 날카롭다. 사기꾼인지, 진짜 좋은 사람인지, 애매한 사람인지 등을 잘 파악한다.

- 문제 해결 능력과 위기 대응 능력이 뛰어나다.

- 주위와 파이를 많이 나눈다. 가령 10을 벌면 1을 줘도 되는데 2~3을 나눠 준다.

- 사람을 모으는 재주가 있다.

- 사람과 세상에 호기심이 많다.

- 스스로에 대한 승리욕이 강하다.

- 멘털이 단단해 위기가 와도 덜 흔들린다.

- 실속 있고 가치 있는 것들을 지속적으로 쌓아 간다.

ex) 믿을 만한 사람, 우량 주식, 서울 부동산, 코인, 미술품, 건강 등

- 돈을 소비할 때는 분명한 이유가 있다. 허투루 돈을 쓰지 않는다.

- 문제가 발생하면 나의 문제점과 잘못을 먼저 찾고, 남 탓을 덜 한다.

- 다른 사람들이 어려워하고, 귀찮아하고, 하기 싫어하는 일을 대신해 주려한다.

 미션

다음의 창업 아이디어를 살펴보고, 마음에 드는 것을 하나 골라 시도해 보세요.

- 오픈마켓에서 특정 테마 아이템 판매하기

    ex) 호신용품, 재난·화재 관련 제품

- 땀 흘려 돈 버는 기술 배워보기

    ex) 도배, 에어컨 설치, 누수 탐지, 방수, 전기공사

- 저비용 무점포 아이템 찾아보기

    ex) 방역(곰팡이, 해충 등), 가전제품 출장 수리, 전자책 제작, 마케팅 대행

- 고령화 시대에 필요한 서비스 아이템 찾아보기

    ex) 유언장 작성, 생전 목소리 녹음, 노인 온라인 커뮤니티 운영

- 사람인, 알바몬에서 '매출 증대', '사세 확장', '확장 이전' 등을 검색하고 해당회사를 네이버에서 찾아 이 회사가 왜 잘 되는지 이유 분석하기

    ex) 방역 회사, 마케팅 회사

여섯 번째
공부,

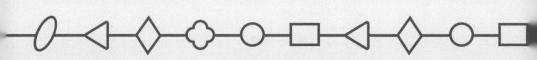

건강

건강하지 않으면
다 소용없다

'건강이 전부다'라는 말이 과언이 아닐 정도로, 건강이 사람의 인생에서 차지하는 비중은 매우 큽니다. 아무리 돈이 많아도, 결혼을 잘해도, 또 직업이 좋아도, 건강 때문에 행복하지 않은 사람들이 너무 많기 때문입니다. 그래서 미리 나와 가족들의 건강을 관리하고 챙겨야 합니다. 큰 장애가 없고, 큰 병이 없고, 잔병으로 고생하지 않는 것만으로도 큰 축복이니까요. 다음 표는 우리 주위에서 흔히 볼 수 있는 일반적인 질병입니다. 만일 여러분이 아래 질병에 걸리면 어떨 것 같나요?

소화불량, 편두통, 천식, 다한증, 비염, 아토피, 안구건조증, 무좀, 변비, 치질, 척추옆굽음증, 거북목, 수족구병, 지루성 두피염, 내성 발톱, 결막염, 사타구니 건선, 발 통풍, 비만, 구내염, 치통, 불면증, 여드름 등

아마도 사는 데 큰 지장은 없겠지만 삶의 질은 확 떨어질 겁니다. 저 역시 죽을병은 아니지만 무좀에 걸려서 미칠 듯한 가려움으로 고생을 했었고, 평생 가지고 갈 질병인 궤양성대장염으로, 주기적으로 고생하고 있어서 제 과거가 후회스러울 때가 많습니다. '좀 더 관리할걸', '기름진 음식 적게 먹을걸', '스트레스 안 받게 웬만한 건 둥글게 넘어

갈 걸~' 하고 말이죠. 이렇게 작은 질병에만 걸려도 본인과 가족 모두의 행복도가 확 떨어지는데 큰 병에 걸리면 어떻게 될까요?

　TV 다큐에 나온 암 환자가 이런 말을 했습니다. "항암제가 몸을 한 바퀴 돌면요, 모든 장기가 공격을 받아요. 특히 위와 장의 점막들도 상처를 입습니다. 입안도 다 헐어 입맛을 잃고 그러다 보니 소화도 안 돼요. 그럼 또, 구토가 잦아지고, 그렇게 악순환이 되는 거죠. 밥알이 모래알처럼 꺼끌꺼끌하게 느껴져서 입맛이 없어진다는 게 거짓말이 아니에요. 그만큼 암 치료 과정은 무섭고 힘들어요. 혹시나 암에 걸리면 처절하게 잘 먹는 데 집중하세요. 안 먹으면 바로 죽습니다." 이 말을 듣고 한동안 충격을 받았습니다. 괜히 암 환자들이 암으로 죽는 것보다 굶어 죽는 경우가 많다는 게 틀린 말이 아니더라고요. 실제로 암 환자의 사망원인 20%가 영양실조라고 합니다.

크론병, 궤양성 대장염, 베체트, 심각한 허리/목 디스크, 시각장애, 청각장애, 구안와사
당뇨, 갑상샘 장애, 빈혈, 만성간염, 고지혈증, 협심증, 폐질환, 결핵, 섬유근육통, 알츠
하이머 치매, 백내장, 녹내장, 어깨 결림, 우울증, 구강염, 뇌혈관 장애, 간암, 폐암, 위
암, 유방암, 대장암, 췌장암, 자궁경부암, 갑상샘암, 구강암, 혈액암 등

　위와 같은 중증 질병들은 상상도 못 할 고통을 수반하고, 엄청난 병원비가 필요합니다. 또, 수술이 잘 안되면 사망에 이를 수도 있는 무서운 질병들입니다. 그러니, 우리가 해야 할 일은 뭔가 이상하다 싶으면 바로 병원에 가는 습관, 어딘가 조금이라도 아프면 주위에 말하는 습관, 평소에 바른 자세 가지기, 나와 맞는 음식 먹기, 근육 강화를 위한 헬스, 재활 목적의 필라테스, 체력 증진을 위한 러닝과 걷기, 주기적인

건강검진 등을 하는 것뿐입니다. 즉 예방과 초기 치료만이 돈을 아끼고 건강을 지키는 최고의 지름길임을 명심하세요.

　　나를 지키는 건강 공부뿐 아니라, 여러분이 꼭 공부했으면 하는 분야가 있습니다. 바로 사람을 구하는 공부입니다. 하임리히법, 심폐소생술, 지진 대피법 등은 알아두면 매우 유용합니다. 여러분의 가족과 친구가 언제 갑자기 쓰러질지 모르는 만큼 소중한 사람을 지키기 위해서라도 관련 유튜브를 참조하며 미리 공부하길 바랍니다. 인생이라는 여정에서 매우 든든한 보험이 될 거예요. 특히, 대한민국은 아직까지 큰 재난이 많이 발생하지 않았지만, 점점 '지진, 대형 화재, 태풍'이 심해지고 있습니다. 이에 따라 미리 이 분야를 공부해 두는 것이 학벌, 취업, 승진보다 더 중요한 것임을 깨닫고, '자연재해 대처법', '사람 구하는 방법' 등을 꼭 미리 숙지하기를 바랍니다. 가능하면 관련 자격증을 취득해 보는 것도 권유해 드립니다. 건강과 목숨을 잃으면 돈, 취업, 학벌 등은 아무 소용이 없기 때문입니다.

 유튜브 시청하기

1) 하임리히법

　　추천 영상: 이화여자대학교 의료원 '갑자기 목에 뭐가 걸렸을 때 하임리히법'

2) 저혈당 쇼크

　　추천 영상: EBS 건강 아카이브 '당뇨병-저혈당 쇼크와 저혈당증 대처법'

3) 심폐소생술(CPR)

　　추천 영상: 행정안전부 '멈춘 심장을 다시 뛰게하는 두 손의 기적 캠페인'

4) 재난(화재, 지진, 태풍)

추천 영상: 서울소방 '완강기 사용의 모든 것'

5) 응급처치

추천 영상: 행정안전부 '생애주기별 안전교육, 외상응급처치법'

6) 교통사고

추천 영상: 한국도로교통공단 '이것만 기억하세요! 사고 발생 시 해야 할 일'

 미션

- '태백 세이프타운', 시도별 국민 안전 체험관 가서 체험하기
- CPR, 하임리히법 가족과 함께 연습해보기
- 기본 의약품 상식, 내 몸에 맞는 두통약 (아세트아미노펜, 이부프로펜 등) 찾아보기

몸도 마음도
건강하게 살자

51%

이 숫자가 뭔지 아나요? 20대 청년의 전체 사망자 가운데 자살로 생을 마감하는 사람의 비율입니다. 즉, 20대 100명이 죽으면, 51명은 자살자라는 것입니다. 놀랍지 않나요? 그렇다면 10대는 어떨까요? 10대 역시 전체 사망자의 37.5%가 자살로 사망했습니다. 충격적이지 않나요? 이들은 경제적 어려움, 신체적, 정신적 질환, 외로움, 고독, 가정불화, 공부, 직장 및 입시 문제 등을 이유로 극단적 선택을 한 겁니다.

여러분께 꼭 부탁하고 싶은 게 있습니다. '우울증, 조울증, 공황장애, 스트레스 등으로 힘들면 주위 가족과 친구들에게 꼭 말하세요. 정신적 질병은 절대 창피한 게 아니고, 그렇다고 특별한 것도 아닙니다. 당연히 그럴 수 있는 거고, 현대인이라면 대부분 가지고 있는 평범한 질병입니다. 그저 편한 마음으로 정신과에 가서 대화하고 약을 먹으면 됩니다. 꼭 가기를 바랍니다. 병원에 가는 것은 절대로 창피하거나 부끄러운 일이 아닙니다. 제 주위에도 여러 이유로 정신과 진료를 받는 지인들이 정말 많은데요, 다들 이구동성으로 말합니다. "진작 올 걸 그랬어~"라고 말이죠.

학부모, 학생 누구든지 마음이 무겁고 정신이 아프다면 꼭 병원에 가고, 주위 사람들과 깊은 대화를 하기 바랍니다. 답답하고, 마음이 무겁고, 가슴이 터져버릴 것 같고, 우울하다면 꼭 병원에 가서 상담받고 약을 먹어야 합니다. 그리고 종교가 있다면 같은 종교 지인들과 대화하고, 또 좋은 멘토가 있다면 마음을 털어놓으며 대화해 보세요. 사촌, 친척, 단짝, 부모님 등 누구와도 좋으니, 대화를 많이 하기 바랍니다. 그렇게 속 시원하게 뭐든 툭툭 털어 버리고 답답한 마음을 비워내야, 감정이 조금이라도 해결됩니다.

특히, 여러분뿐 아니라 주위 친구나 부모님 역시 힘들어 보인다면 '먼저' 용기를 내서 대화해보면 좋겠습니다. 힘든 사람에게 먼저 다가와 손 내밀어주는 것은 엄청난 위로가 되기 때문입니다. 부모님께 '힘드시죠? 저는 부모님이 자랑스럽고, 감사해요. 힘드시면 저랑 대화해요.'라는 말도 해보고, 친구에게도 'ㅇㅇ야, 힘들면 언제든 말해~ 내가 언제든 들어줄게'라고 해보기를 바랍니다.

여러분이 10대 시절에 이 악물고 무언가를 해보는 것도 중요하지만 혹여나 그 과정에서 마음이 불편하고 힘들다면 하던 걸 멈추기를 바랍니다. 누군가는 '그걸 이겨 내야 해!'라고 할 수도 있지만, 만일 그걸 이길 의지와 힘이 부족하거나, 그 과정에서 혹시나 마음의 병이 깊어지면 중장기로 좋지 않은 씨앗이 생기는 것과 마찬가지입니다. 저는 여러분이 하던 것을 멈추고, 마음 편안한 활동을 하는 것으로 방향을 바꾸었으면 합니다.

미래의 성공을 위해 자신을 너무 옭아매거나, 어두운 감정의 바닷속에서 혼자 숨어 있지 마세요. 살다 보니 마음 편한 게 최고의 행복임을 알게 되었습니다. 여러분의 마음이 진심으로 편했으면 좋겠습니다.

 미션

1) 9/14 세계 자살 예방의 날에 관련 단체에 기부하기

2) 유튜브에서 '고독사' 검색해서 영상 찾아보기

3) 유튜브에서 '소통전문가 김창옥이 우울증을 극복해낸 해결 방법' 영상 찾아보기

운동을 하면 인생이 '확' 바뀐다

제가 운동을 강조하는 이유는 크게 3가지입니다.

첫째는 체력이 좋아져서 공부와 일을 더 잘할 수 있게 됩니다.

"네가 이루고 싶은 게 있다면 체력을 먼저 길러라. 체력이 약하면 편안함을 찾게 되고, 인내심이 떨어지고, 피로감을 쉽게 느껴 승부 따위는 상관없는 지경이 된다. 정신력은 체력의 보호 없이 안 된단다." 웹툰 미생의 유명한 대사입니다. 와 닿지 않나요? 정말로 체력이 부족해서 집중력이 떨어지는 경우가 많습니다. 체력이란 건 영양제를 꾸준히 먹는 것만으로는 안 되고, 운동을 해서 체력을 키우는 게 필수입니다. 체육을 진로 삼으라는 것이 아니라, 그저 꾸준히 운동을 통해서 공부할 체력을 우선으로 기르라는 것입니다.

둘째는 몸매가 좋아져서 자신감이 올라가고, 이성적 매력이 높아집니다.

특히 헬스, 격투기, 필라테스, 요가를 꼭 경험해 보기 바랍니다. 어깨가 넓어지고, 배에 복근이 생기고, 자신감이 생겨서, 세상을 당당하게 살아갈 힘이 생깁니다. 요즘처럼 위험한 사람과 흉악범이 많은 세상에서 운동은 필수입니다. 또, 몸의 선이 예뻐지고, 몸의 코어가 단단해지고, 유연성이 높아지면서 이성이 호감을 느끼는 요소가 되기도 합니다.

그럼 당연히 연애와 결혼에도 긍정적인 영향이 생기겠지요? 외모와 몸매 지상주의를 찬성하는 것은 아니지만, 사람들은 외향적인 모습에 굉장히 매력을 느낀다는 사실은 담백하게 받아들이면 좋겠습니다.

셋째로 운동을 함으로써 병원비를 줄일 수 있고, 실제로 병에 걸리지 않게 됩니다.

여러분도 나이를 먹으면 온몸이 쑤시고 아프게 될 텐데요, 미리미리 관리를 하면 병원비 수천만~수억 원을 아낄 수 있습니다. 예를 들어, 바른 자세로 잠자기, 평소에 바르게 앉기, 다리 꼬지 않기, 거북목과 일자목을 고치려 스트레칭하기, 팔자걸음으로 걷지 않고 바르게 걷기, 골반 교정 하기, 허리 통증 재활 운동하기 등입니다.

추가로, 운동 외에 꼭 말하고 싶은 게 있습니다. 바로, 잘 먹고 잘 자기입니다. SBS 〈런닝맨〉으로 유명한 방송인 김종국 씨는 "운동은 하는 것뿐 아니라, 잘 먹는 것, 잘 쉬는 것까지가 운동이다"라는 말을 했습니다. 저는 김종국 씨의 이 말이 정말로 옳다고 봅니다. 내가 무엇을 먹고, 어떻게 먹고, 어떻게 쉬고 자느냐가 신체, 뇌, 마음, 심리 상태, 스트레스를 좌우하기 때문입니다.

만일 기름진 음식, 술, 담배, 탄산 등을 너무 많이 섭취하면 운동이 무슨 소용이 있을까요? 또 몸이 아프다면서 의사가 권유한 잡곡밥, 채소, 육류, 생선, 견과류 등을 먹지 않으면 무슨 소용이 있을까요? 잠을 안 자고 공부만 해서 건강을 해치면 어떻게 될까요? 수면이 부족하면 모든 질병의 원인이 되는데 잘 안 자는 건 옳을까요? 잘 먹고 잘 자는 것 역시 여러분의 인생을 바꿀, 즉 진로에 매우 큰 영향을 끼치는 행위임을 깨닫고 바르게 행동하면 좋겠습니다.

 미션

1) 러닝, 걷기를 하며 기록 상관없이 5km, 10km 마라톤 완주 도전하기

2) 수영을 배워서 허리와 등, 어깨 근육, 심폐지구력 강화하기

3) 턱걸이, 팔굽혀펴기, 하체 스쿼트, 평행봉, 헬스, 요가, 필라테스하기

4) 여럿이 함께하는 구기 운동, 방송 댄스(KPOP 커버댄스), 줌바 댄스 등 배우며 스트레스 풀기

5) 복싱, 태권도, 주짓수, MMA 등 배우고 대회 도전하기

장애는 '다름'이 아닌 '어울림'이다

먼저 아래 유튜브를 시청하고 오세요.

1. 〈다큐3일〉 - 산재병원 편, 장애인 올림픽 국가대표 편
2. '원샷한솔' - 오세훈 시장이 충격받은 이유 편

앞으로 세상은 더욱 '다양성'을 중시하는 사회로 변화할 것입니다. 인종, 종교, 성별, 장애 등의 다양성을 얼마나 포용하느냐가 취업과 창업에 중요한 요소가 될 것입니다.

실제로, 대학과 회사 면접에서 '장애의 이해'와 관련된 질문이 자주 등장합니다. 여러분의 개인적인 생각이나 봉사 경험에 대해 물어보는 경우가 많으니, 미리 준비해 두는 것이 좋겠지요?

사실 이런 것들을 떠나서, 장애를 다양한 측면에서 생각해 보면 '장애인에 대한 이해'의 폭이 넓어져서 사회와 사람을 더 잘 이해하게 되고, 이러한 것들이 쌓여 앞으로 장애와 상관없이 모두가 살기 좋은 세상이 될 것이라고 생각합니다.

장애의 이해를 넓히는 질문들

1. 시각, 청각, 후각, 촉각, 미각 중 하나를 잃는다면 어떤 것을 잃는 것이 제일 불편할지 주관적인 순위를 매겨보세요.

   1)   2)   3)   4)   5)

2. 어느 날 내가 '시각장애인' 판정을 받고 시력을 잃게 된다면, 어떻게 생활할 건가요?

   눈에 붕대를 감아 빛을 완전히 차단하고 딱 1시간 동안 집 안과 밖에서 부모님의 도움을 받아 생활해 보세요. 눈 감고 글씨도 써보고, 옷도 갈아입고, 밥도 먹어 본 다음 소감을 적어보세요.

3. 어느 날 내가 사고로 한쪽 팔을 잃게 된다면, 어떻게 생활할 건가요?

   한쪽 팔을 옷 안에 집어넣고 끈으로 묶은 상태로 3시간 동안 생활해 본 다음 소감을 적어보세요.

4. 내가 참여할 수 있는 장애인 관련 행사에는 어떤 것들이 있을까요? 행사에 참여한 후 느낀 점을 적어보세요.

5. 장애인들의 지하철 점거 시위의 이유와 요구사항, 불편 사항을 찾아보세요. 그리고 반대로 그 단체가 가지고 있는 결정권, 시설 사업운영권, 점거로 인한 폐해 등도 알아보며 제3자로서 객관적으로 생각해 보세요.

6. 20만 명이 넘는 발달장애인에게 장애인시설, 보조 인력은 어떤 의미이며, 시설을 나가게 된다면 어떻게 될지 생각해 보세요.

7. 여러분 동네에 장애인 복지회관, 장애인 특수학교, 장애인 기업이 들어온다면 온 동네 주민이 서로 들어오라고 할까요? 아니면 멀리 가기를 바랄까요?

_____

_____

_____

8. 중증 자폐아 가족의 하루를 찾아보고, 가족 입장이 되어 그들을 이해하고, 그들이 필요한 복지가 무엇일지 생각해 보세요.

_____

_____

_____

9. 치매는 장애가 아니지만, 전 국민 누구나 발병될 수 있는 질병입니다. 벽에 부딪히고, 대소변 조절이 어렵고, 가스레인지를 키고 나가는 등 치매 가족의 고통스러운 하루를 찾아보고, 그 가족의 입장이 되어 그들을 이해해 봅시다. 또, 그들에게 필요한 복지가 무엇일지 생각해 봅시다.

_____

_____

_____

10. 전체 등록 장애인 숫자가 몇 명인지, 전체 인구의 몇 퍼센트인지 찾아보세요.

_____

죽음을 이해하면 인생이 달라진다

먼저 아래 유튜브를 시청하고 오세요.

1) 〈KBS스페셜〉 '어느 날 우리 부부는 암 4기 진단을 받았습니다. 죽음이 삶에 답하다'
2) 〈다큐 3일〉 '추모 공원 72시간, 인천 해양 장례식 72시간, 인천가족공원'
3) MBC 심리치유 다큐멘터리 '너를 만났다' 3편 보기
4) 〈MBC PD수첩〉 '나의 죽음에 관하여' 24년 3/5편
5) 영화 〈버킷리스트〉 시청하기

죽음. 아직은 나와 먼 이야기 같지만 꼭 그렇지만은 않습니다. 불의의 사고로 내일 갑자기 죽을 수도 있는 것이 사람이니까요. 실제로 호스피스 병동이나 병원, 응급실 등에서 죽음을 앞둔 사람들에게 가장 많이 나오는 말이 '후회'라고 합니다. 그런 면에서 '후회하지 않을 일'을 진로 설정의 한 방향으로 삼는 것도 매우 중요한 전략입니다. 그러니 다음 미션들을 수행하며 '어떻게 사는 것이 행복한지, 어떻게 죽고 싶고, 어떤 사람으로 기억되고 싶은지' 생각해 보는 시간을 갖길 바랍니다. 매우 특별한 경험이 될 것입니다.

나의 죽음 그려보기

1. 임종 직전 하게 될 생각 정리

1) 희망하는 장례식 종류는?

ex) 가족끼리 장례, 종교장, 무 빈소 장례, 일반 장례

_____

2) 가족 또는 친구와 가고 싶었는데 가지 못해서 정말 아쉬운 국내외 장소는 어디인가요?

_____

_____

3) 가족 또는 친구와 간 곳 중 딱 한 번 다시 갈 수 있다면 어디로 가고 싶나요?

_____

_____

4) 죽기 전에 마지막으로 먹고 싶은 음식은 무엇인가요?

_____

_____

5) 지금 생각하면 아무것도 아닌데 가족 또는 친구와 다투었던 사건이 있나요?

---

6) 당신의 인생에서 누군가에게 진심 어린 '고맙습니다'라는 말을 들은 경험이 있나요?
    어떤 상황이었나요?

---

7) 당신의 인생에서 누군가에게 '잘했다~'라는 큰 칭찬을 받은 사건이 있나요? 어떤 상
    황이었나요?

---

2. 천국에 가면 신이 인간에게 3가지 질문을 한다고 합니다. 여러분은 Yes인가요? No인가요?

1) 당신은 인생에서 행복을 찾았는가?   Yes   No

2) 당신의 인생이 다른 사람에게 행복을 가져다주었는가?   Yes   No

3) 당신은 후회 없는 인생을 살았는가?   Yes   No

3. '죽음'에 대한 질문

1) 당신이 죽는다면 어떻게 장례를 치르고 싶은가요?

   1. 일반 매장묘   2. 잔디장   3. 나무(수목장)   4. 바다(해양장)   5. 납골당   6. 기타 :

2) 죽는다는 건 뭘까요? 의식이 없는 것? 영혼이 빠져나가는 것?

   '죽음은 OO 이다'라고 정의 내려 주세요. ex) 죽음은 이별이다, 죽음은 출장이다.

   = 나에게 죽음이란 (   ) 이다.

3) 전생은 있다고 생각하나요? 만일 있다면, 다음에는 뭐로 태어나고 싶나요?

   _____

   _____

   _____

4) 죽음 이후는 무엇이 있을까요? 천국? 지옥? 아무것도 없다? 윤회?

   _____

   _____

   _____

5) 죽음을 통해 항암치료, 불치병 등의 고통에서 해방되는 사람이 있을 텐데요, 그런 사람들을 위해 안락사가 필요하다고 생각하나요?

   _____

   _____

   _____

6) 당신의 재산을 어떻게 쓰고 죽을 건가요? 만일 가족에게 증여하거나 사회에 환원한다면 얼마의 돈을 어디에, 어떻게 쓸 건가요?

_____

_____

7) 당신의 마지막 인사는 누구와 함께하고 싶고, 무슨 말을 할 것 같나요?

이름	마지막으로 하고 싶은 말

8) 당신이 죽고 나서, 관 또는 유골함에 함께 들어갔으면 하는 의미 있는 물건을 1개 꼽아 보세요.

_____

9) 내 장례식장에서 손님들에게 틀어 줬으면 하는 노래 3개를 정리해 보세요.

_____

_____

_____

10) 내가 죽고 나면 장기(각막, 신장, 신체조직)를 기증할 건가요?

_____

4. 80세 기준, 나만의 미래 유언장 적어보기

유언장 (예시)

유언자: 김OO
 20xx년, O월, O일생
주소: 서울시 서대문구 OO동, OO 아파트
전화번호: O1O- xxxx-xxxx

유언장 작성에 앞서
가족을 위해 일한다는 이유로 많은 시간을 가족과 함께 보내지 못해 아쉽습니다.
그리고, 살갑게 표현하지도 않고, 더 잘해주지 못해서 미안합니다.
그런 나를 늘 지지해주고, 사랑해 주어 진심으로 고맙습니다.

열심히 살아왔기에 후회는 없지만,
단 한 가지, 아쉬운 건 더 많은 추억을 쌓지 못한 것입니다.

나를 만나줘서 고마웠고,
혹시나 다시 태어난다 해도 다시 만나고 싶습니다.

■ 유언 사항
1) 내 장기는 되도록 많은 이들에게 이식해 주기를 바랍니다.
2) 연명치료는 받지 않게 해주기를 바랍니다.
3) 화장 후 대전에 있는 잔디장으로 해주기를 바랍니다.
4) 내 물건을 추억 삼아 보관하지 말고, 마음 편히 다 버려주기를 바랍니다.
5) 내 모든 재산은 자녀 OO에게 OO를, 자녀 OO에게 OO을 증여합니다.
6) 내 유언의 유언집행자로서, 이OO (주소/주민번호 기재)를 지정합니다.

나, ＿＿＿＿＿＿＿의 유언장

유언자: ＿＿＿＿＿＿＿＿＿＿＿＿＿＿＿＿＿＿＿＿＿＿＿

주소: ＿＿＿＿＿＿＿＿＿＿＿＿＿＿＿＿＿＿＿＿＿＿＿＿

전화번호: ＿＿＿＿＿＿＿＿＿＿＿＿＿＿＿＿＿＿＿＿＿＿

＿＿＿＿＿＿＿＿＿＿＿＿＿＿＿＿＿＿＿＿＿＿＿＿＿＿＿

＿＿＿＿＿＿＿＿＿＿＿＿＿＿＿＿＿＿＿＿＿＿＿＿＿＿＿

＿＿＿＿＿＿＿＿＿＿＿＿＿＿＿＿＿＿＿＿＿＿＿＿＿＿＿

＿＿＿＿＿＿＿＿＿＿＿＿＿＿＿＿＿＿＿＿＿＿＿＿＿＿＿

＿＿＿＿＿＿＿＿＿＿＿＿＿＿＿＿＿＿＿＿＿＿＿＿＿＿＿

＿＿＿＿＿＿＿＿＿＿＿＿＿＿＿＿＿＿＿＿＿＿＿＿＿＿＿

■ 유언 사항

1) ＿＿＿＿＿＿＿＿＿＿＿＿＿＿＿＿＿＿＿＿＿＿＿＿＿

2) ＿＿＿＿＿＿＿＿＿＿＿＿＿＿＿＿＿＿＿＿＿＿＿＿＿

3) ＿＿＿＿＿＿＿＿＿＿＿＿＿＿＿＿＿＿＿＿＿＿＿＿＿

4) ＿＿＿＿＿＿＿＿＿＿＿＿＿＿＿＿＿＿＿＿＿＿＿＿＿

5) ＿＿＿＿＿＿＿＿＿＿＿＿＿＿＿＿＿＿＿＿＿＿＿＿＿

6) ＿＿＿＿＿＿＿＿＿＿＿＿＿＿＿＿＿＿＿＿＿＿＿＿＿

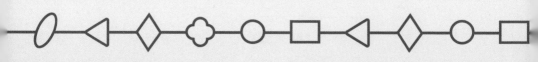

일곱 번째 공부,

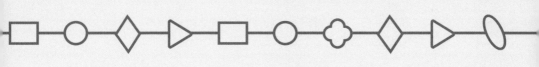

우리 부모님은
어떤 사람일까?

이 책에 다양한 활동을 담은 이유는 이를 통해 가족 간에 대화를 많이 하고, 잊지 못할 추억을 많이 쌓길 바라기 때문입니다. 그런 면에서 이번 챕터는 우리 부모님을 이해하는 시간입니다. 평소 궁금했던 부모님의 성장 과정, 연애사, 후회되는 점, 에피소드 등을 들으며 부모님이 어떤 사람인지 자세히 알아보는 시간이 되면 좋겠습니다.

- 부모님이 가장 좋아하는 음식은?
- 부모님이 가장 좋아하는 노래는?
- 부모님이 가장 좋아하는 계절은?
- 부모님의 가장 친한 친구 이름은?
- 부모님의 신발 사이즈는?
- 부모님의 보물 1호는?
- 부모님이 좋아하는 계절은?
- 부모님이 살면서 가장 후회한 일은?
- 부모님이 어렸을 적 살았던 동네는?
- 부모님의 학창시절 성적은?
- 부모님의 10대, 20대, 30대, 40대, 50대 시절에 가장 의미 있었던 사건은?

- 부모님이 처음 만난 나이와 장소는?
- 부모님이 서로에게 반하게 된 계기는?
- 부모님이 함께 가본 곳 중 가장 인상 깊었던 여행 장소는?
- 양가 집안에 처음 인사드릴 때 들었던 말은?
- 결혼하고 나서 가장 좋았던 점은?
- 결혼 생활에서 적응하기 가장 어려웠던 점은?
- 아버지가 군복무한 부대 이름은?
- 군 복무 중 가장 기억에 남는 일은?
- 부모님이 나를 키우며 가장 힘들었던 순간은?
- 부모님이 나를 키우며 가장 행복했던 순간은?

 미션

- 부모님이 어떻게 하면 '감동 받으실지' 생각하며 감사 편지 써보기
- 부모님과 함께 사진 찍기
- 부모님 사진을 확대해 눈, 코, 입 등 얼굴을 1분 동안 자세히 살펴보기
- 우리 가족만의 공휴일 정해서 가족 행사 보내기
- 부모님과 평상시에 영상 많이 찍어두기

세상에는 별의별 사람이 다 있다

다음 글은 현직 교도관이 쓴 글입니다.

"혹시나, 맞고 나서 합의금 받아야겠다는 생각은 하지 마세요. 진짜 어리석은 생각입니다. 제가 이 일을 하며 느낀 점은 위험은 무조건 피해야 한다는 것입니다. 우리 교도소의 한 수용자는 술을 마시고 모르는 사람과 시비가 붙어서 말다툼하던 중 돌멩이로 상대를 찍어내려 식물인간으로 만들었습니다. 하지만 합의하지 않았고 1심에서 쌍방 폭행으로 인정되어 징역 3년을 받고 수감 중입니다.

세상은 여러분들의 생각만큼 온화하지 않습니다. 이곳에 와보니 반 불구로 만들고 합의 안 보는 수용자가 수두룩합니다. 전국의 수용자 인원이 대략 5만 명 정도인데요, 이 인원이 다 강력범은 아니지만 적지 않은 숫자는 맞습니다. 특히 재범이 무섭습니다. '열받게 하면 남의 인생 불구 만들고 감옥 간다'라는 심리를 가진 수용자가 많습니다. 항상 똥은 피하세요."

어떤가요? 이 글이 커뮤니티에 퍼지자, 한때 댓글이 난리가 났었습니다. "맞아! 진짜 세상 조심해야 해! 수준 이하 사람들 너무 많아!", "진짜 이상한 사람 겪어보면 사람한테 무조건 잘하라는 말 못 해", "맞아, 뭔가 이상한 사람 같으면 무조건 피하는 게 내 인생 지키는 길이지"처럼 다양한 반응이 나왔습니다.

여러분도 일상에서 어떤 사람과 말싸움하다 '어라, 이 사람 이상한데?' 싶으면 바로 멈추세요. 거기서 말로 이겨봤자 이기는 것도 아니고 지는 것도 아닙니다. 이상한 사람은 피하는 게 최고입니다. 누군가와 시비가 붙을 때도 운이 좋으면 합의금이고, 보통은 크게 다칠 확률이 높음을 늘 상기해야 합니다.

또, 누군가와 의견 충돌이 생겼을 때도 말로 끝까지 상대를 주눅들게 하거나, 너무 끝까지 상대를 몰아붙여서도 안 됩니다. 아무리 상대가 잘못했고, 내 논리가 맞더라도 숨 쉴 구멍은 남겨둬야 하고, 듣기 좋은 어투로 말해야 감정 싸움으로 확산하지 않습니다. 사람은 자신의 논리적 잘못보다, 감정과 자존심이 중요한 존재라 '복수심'과 '창피함'이 '미안함'이나 '반성'보다 먼저 생기게 됩니다. '아니, 내가 아무리 잘 못했어도, 굳이 이렇게까지 해야 해? 내가 다음에 어떻게 하나 봐라'라고 생각하는 것처럼 말이죠.

다시 강조하지만, 세상에는 별의별 사람, 이상한 사람이 너무 많습니다. '뭐 이런 사람이 다 있지?', '이게 사람이야?' 하는 사람이 정말 많습니다. 다음 예시에 나오는 사람들과 마주했을 때 과연 어떻게 대처하는 게 지혜로울지 생각해 봅시다.

- 작품을 만지지 말라고 했는데 기어코 만지고 훼손하는 사람들
- 태풍이 올 때 굳이 바닷가에 나가서 낚시하는 사람
- 잠깐 편하려고 무단 횡단하는 사람들
- 아파트 건설 현장에서 일하며, 퇴근할 때 방에 똥을 싸놓고 그냥 가는 사람

- 우리 개는 물지 않는다면서 입마개를 거부하는 일부 개 주인들
- 보이스피싱 범죄로 힘들게 모은 노인의 돈을 뺏어가는 사기꾼
- 종교에 너무 빠져서 주위 사람들을 오히려 힘들게 하는 일부 신앙인들
- 아파트 철근을 빼먹는 건설회사
- 바다에서 불법조업 하며 각종 물고기를 싹 쓸어가는 타 국가 어부들
- 권한이 없는 말단 콜센터 직원, 전화 상담원에게 화풀이하는 민원인
- 우리나라 문화(한복, 김치 등)를 자기네 문화라고 우기며 동북공정하는 중국
- 우리나라 독도를 자기 땅이라고 우기는 파렴치한 일본
- 죄를 짓고도 돈으로 금방 나오는 정치인과 재벌
- 상인들을 협박하는 깡패와 조폭

이제, 여러분이 할 일은 '사람'이란 존재를 객관적인 상태에서 '제대로' 공부하는 것입니다. 좋은 사람, 나쁜 사람, 나랑 잘 맞는 사람, 나랑 안 맞는 사람, 범죄자의 특징, 사기꾼의 특징, 그리고 그런 사람들을 만났을 때의 행동 방식과 철학도 미리 정해둬야 합니다.

가령, 나에게 쉽게 돈 벌 정보를 주는 사람을 의심해야 하고, 입에서 욕이 너무 많이 나오는 사람도 멀리해야 합니다. 단순한 답을 어렵게 빙빙 돌리고, 별거 아닌 걸 엄청 중요한 것처럼 말하면 사기꾼이 아닌지 의심해야 합니다. 또, 남에게는 엄격하면서 자기에게는 너그러운 사람이나 지나치게 예민한 사람도 가까이할 필요가 없습니다.

인생은 이상한 사람들과 '딱 한 번이라도' 잘못 엮이는 순간 통째로 망가져 버리고, 나와 잘 안 맞는 사람과 어울리면 내 스트레스만 쌓이는 법입니다. 그러니, 사람 공부를 통해 '사람 사고'를 예방해야 합니다. 내 인생은 오직 내가 지킬 수 있기 때문입니다.

물론, 지금까지의 내용은 '이상한 사람들이 은근히 많으니 조심하자' 라는 내용이지, 사람 자체를 혐오하고 멀리하자는 말은 아닙니다. 우리 주위에는 좋은 사람, 평범한 사람이 나쁜 사람보다 훨씬 더 많으니까요.

- 장기기증을 서약한 사람
- 국가적 재난 상황에 앞장서서 봉사하는 사람
- '베이비 박스'를 운영하고 돕는 사람
- 장애인 복지시설에서 '미용 봉사'를 하는 사람
- 섬의 온갖 쓰레기를 주기적으로 청소하는 사람
- 유기견, 유기 동물을 돌보는 사람
- 노숙인을 돕는 사람
- 쓰러진 사람을 119에 신고하는 사람
- 주기적인 헌혈로 사회에 봉사하는 사람
- 군인이 되어 청춘을 바쳐 나라를 지키는 젊은 장병
- 의료 및 교육 기부로 봉사를 실현하는 사회 엘리트
- LG에서 수여하는 '의인상' 수상자 수십 명
  ex) 화재 현장에서 굴착기로 아이들 구한 사람
- 내가 힘이 들 때 그저 옆에 있어 주고, 내 이야기를 잘 들어주며 삶의 위로를 주는 친구
- 나를 더 웃게 해주고, 나를 더 행복하게 만들어 주는 가족과 친구
- 사회를 위해 봉사하는 지역단체, 클럽, 봉사자

분명히, 사람은 꽃보다 아름다운 존재가 맞습니다. 우리는 사람으로부터 희망을 얻고, 위로를 받고, 다시 걸어갈 원동력을 얻기도 합니

다. 저 역시 가족들을 보면서 더 열심히 일해야겠다고 다짐하게 되고, 친구와 지인들을 통해 행복감을 느낍니다. 결국, 사람을 바라볼 때 너무 아름답게도, 너무 무섭게도 보지 말고 '균형감' 있게 사람 관계를 형성하는 것이 중요합니다.

사람에 관한 생각 훈련

1. 사람에 관해 토론해 보기

1) 친구, 동창, 급우(class mate)는 서로 다른 의미임을 아나요?

_____

_____

_____

2) 믿기지 않겠지만 소방차, 구급차 사이렌을 켜지 말고, 달리라는 민원이 많다는데 어떻게 해야 할까요? 또, 대학병원 근처 아파트 주민들은 응급 헬기가 시끄럽다고 민원을 많이 넣는다는데 어떻게 해야 할까요?

_____

_____

_____

3) 이혼 후, 양육비를 안 주는 부모들이 은근히 많은 걸 알고 있나요?

_____

_____

4) 우리나라에 이민자가 더 많아지면 장단점은 무엇이 있을까요?

_____

_____

_____

5) 주민센터와 사회복지 공무원이 만나는 진상 민원인의 사례를 찾아보세요.

_____

_____

_____

6) 6·25전쟁 참전용사들의 긴급 생활비가 많이 필요하단 사실을 알고 있나요?

_____

_____

_____

7) 타임머신을 타고 과거로 돌아가면 나라를 위해 독립운동을 할 수 있을 것 같나요?

(잡히면 잔인한 고문, 가족의 위험, 후손들의 가난함 등 참조)

_____

_____

_____

8) 길거리에 담배꽁초가 너무 많이 버려져 있어요. 어떻게 해야 흡연자들이 바뀔까요?

_____

9) 유재석이 좋아하는 조세호, 이광수, 지석진의 특징은 무엇일까요?

10) '나는 이런 사람은 별로야' 하는 사람이 있나요?

ex) 맞는 말을 하지만, 말투와 자세가 재수 없는 사람, 너무 완벽하게 살려고 하는 사람, 자신에게는 관대하고 남에게는 엄격한 사람, 자기중심적으로 생각하고 말하는 사람

11) 이 세상에서 제일 불쌍하다고 생각하는 사람은 누구인가요?

ex) 자식을 먼저 하늘나라로 보낸 부모, 전쟁 국가에서 태어난 아이, 이상한 사람에게 지나가다가 폭행을 당한 사람

2. 고전이 아닌, 현대 위인전 및 인물 영화 감상하기

- **국내외 기업인, 정치인 책 읽기**

  ex) 교보문고 창립자 신용호 《길이 없으면 길을 만들며 간다》

  현대그룹 창립자 정주영 《시련은 있어도 실패는 없다》, 《이 땅에 태어나서》

  삼성그룹 창립자 이병철 《호암자전》

- **유명인 자서전 읽기**

  ex) 《다시, 새롭게 지선아 사랑해》(이지선 지음)

  《가난하다고 꿈조차 가난할 수는 없다》(김현근 지음)

- **실화기반 인물 영화 감상하기**

  ex) 〈잡스〉, 〈설리반 허드슨강의 기적〉, 〈소셜 네트워크〉

3. 사람에 대한 현실 조언 필사하기

- 편안한 사람이 최고다. 추운 겨울, 밖에서 집으로 들어오면 '와~따뜻해~ 집이 최고다' 라는 말이 나오는 것처럼 차가운 세상에서 나를 편안하고 따뜻하게 해주는 사람들이 제일 좋다.

- 인간관계는 주고받기가 기본이다. 너무 주려고도, 너무 받으려고도 하지 말자.

- 삶의 시기마다 가장 친한 사람이 바뀌는 건 당연하다. 원래 인간관계는 넓어졌다가 줄 어드는 것의 반복이다. 관계가 생명력을 다하면 자연스레 교체되는 것이다. 그렇게 나 의 인생의 시기마다 각각의 인연이 다른 것을 인정하는 게 마음 편하다.

- 내 능력과 내 감정을 어느 정도는 표현해야 한다. 그게 호구가 되지 않는 방법이다.

- 사람은 고쳐 쓸 수 있지만, 굉장히 어렵다. 그러니 골라 쓰도록 하자. 나와 결이 잘 맞 는 사람, 나와 취향과 삶의 방향이 맞는 사람만 잘 구분해도 인생이 확 행복해진다.

- 어설프게 남을 도와주지 말고, 나부터 제대로 일어서자.

- 사람은 호의가 계속되면 권리인 줄 안다.

- 누군가 여러분에게 쓰레기를 준다면 받을 건가요? 아니겠지요? 당신을 마음아프게 하거나 힘들게 하는 말은 쓰레기와 같습니다. 누군가가 준 쓰레기를 만지지도 말고, 마음에 담아두지도 마세요. 사람의 감정을 상하게 하는 말을 '휙~' 버리는 훈련을 자주 하기 바랍니다.

- 완벽한 사람은 없다. 사람은 누구나 틀릴 수 있음을 늘 기억하자.

- 타인에게 예쁜 말투로 말하자. 예쁜 말투 하나로 인생이 바뀌는 경우가 정말 많으니 말투와 목소리 톤을 연습하자. 별거 아닌 것 같은데 주위 사람들이 달라지게 된다.

- 인간관계에서 화를 내는 순간 팩트는 사라지고, 화만 남게 된다. 화를 자제하자.

- 생각이 나의 인생이 되는 것이 아니라 행동이 나의 인생이 된다. 행동력이 좋은 사람을 늘 가까이하자.

- 배려심과 양보가 지나치면 내가 괴롭다. 나에게 부담되지 않는 선을 지키는 게 상대방에게도 좋음을 인식하라.

- 나에게 어른은 '책임감'을 가진 사람이다. 그런 면에서 아이도 책임감을 가지면 어른이 될 수 있고, 반면 어른도 애가 될 수 있다. 책임감 있는 사람이 되자.

- 살다가 느낌이 쎄한 사람은, 실제로 쎄할 때가 많다.

- 돈을 중요하지 않다고 하는 사람을 멀리할 필요는 없어도, 가까이하지는 마라.

- 착한 사람을 넘어서 좋은 사람이 되어야 한다. 착한 사람은 좋은 사람의 일부분이다. 다시 강조하지만, 좋은 사람이 되어야지, 착한 사람만으로 끝나면 안 된다. (돈 많다고 선진국이 아니다. 교육 수준, 문화의식, 시민의식, 사회 인프라, 국방력 등이 골고루 갖춰져야 선진국이고 좋은 국가인 것처럼, 우리도 선하기만 해선 안 되고 능력을 균형 있게 길러야 한다.)

- 다른 사람을 크게 의식하거나, 신경 쓰지 말자. 살다 보니 그거만큼 쓸데없는 일이 없다. '행복'의 반대말은 '비교하기'라는 말이 있는 만큼 남을 의식하고 비교하는 순간 불행의 길로 가는 것과 같다. 타인을 존중하되, 그들을 쫓아가야 한다는 강박을 버리자.

'나'라는 사람에 대해
공부하자

　열심히 하는 데도 실력이 안 는다고요? 같은 실수를 반복한다고 요? 그럼 나에 대해 깊게 탐구하는 시간을 가지기 바랍니다. 수학이나 영어를 공부하듯, 나를 공부하면 나의 장점을 극대화할 수 있고, 나의 단점을 개선할 수 있습니다. 분석을 안 하니 행동이 제대로 고쳐지지 않는 겁니다. '나는 이걸 좋아하고, 이러한 성향이고, 이걸 못하고, 그러려면 이걸 해야 하고'처럼 나를 깊게 분석해야 합니다. 나를 분석했던 A군의 예시를 들려 드리겠습니다. A군은 말실수 때문에 고민이 많았습니다. 그래서 그는 분위기가 싸해지거나, 스스로 후회되는 말들을 매일 노트에 기록하기 시작했습니다.

예를 들어 '에이~(상대를 부정하는 대화 습관)', '그게 아니지~', '야, 뭐가 힘들어, 난 더한 것도 했었어'라는 무시하는 어투, 공감하지 못하는 말투 등을 노트에 적으며 스스로를 진지하게 마주했습니다. 동시에 말투 관련 책을 10권 이상 읽으며 중요한 내용을 노트에 정리했습니다. 예를 들어, '네가 이미 알겠지만~'처럼 상대방을 치켜세우는 말투를 대화 앞에 지속적으로 사용했습니다. 또, '아, 그랬구나, 힘들었겠구나~'라는 공감의 어투도 사용하고, 말의 속도를 천천히 늦추고, 톤을 차분하게 바꾸려 노력했습니다. 말할 때는 눈을 마주 보고, 미소로 응대를 했습니다. 그렇게 하지 말아야 할 건 안 하고, 해야 할 것은 지속하며 말하는 습관을 완전히 바꿔갔습니다. 그랬더니 사람들이 주위에 몰리기 시작했고 사회성이 좋은 사람으로 평가가 바뀌었습니다.

여러분도 A군처럼 나를 마주 보고 공부해야 합니다. 나를 공부하는 방법은 크게 2가지입니다. 외부로부터 나를 평가받는 것, 그리고 내부적으로 스스로를 분석하는 것이지요.

첫째, 특정 검사를 통해 '나'에 대해 이해하기

쉬운 예로는 간단한 MBTI, 성격테스트가 있습니다. 돈을 들여서 외부 기관의 홀랜드 진로적성검사, 심리테스트, ADHD 검사, 피 검사, 유전자검사 등을 받는 것도 좋습니다. 중요한 것은 이런 테스트를 하더라도 추가 분석을 해야 한다는 것입니다. 가령, MBTI를 하더라도 '아~ 나는 ENTJ가 나왔네? 이건 이러하구나'라고 한 장의 해석지만 보고 끝내는 게 아니라 MBTI 해석 유튜브를 3개, 해설책을 3권 읽으며 나의 성향에 대해 깊게 파고들어야 합니다. 또, 나뿐만 아니라 내 가족과 내 친구의 MBTI도 자세히 분석해서 주변 사람들을 자세히 이해하는 시간을 가지는 것도 좋습니다. '아~맞아, 이 친구는 이런 성향이야', '와! 완전 똑같은데?', '아. 그 친구가 이런 성향인 걸 인정하지 않고 내 관점에서만 생각했었구나' 등 그들을 대하는 태도가 바뀌고 이해심이 깊어지는 것까지가 제대로 된 공부입니다.

둘째, 조용히 하루를 정리하며 '나'와 마주 보기

혼자 있는 시간을 통해 나를 점검하는 겁니다. 가령, 조용한 공간에서 명상하기, 조용히 일기 쓰기, 기도 하기, 독서 하기, 방 정리하기, 나만의 SNS를 운영하기 등 조용히 나를 정리하고 마주 보는 것입니다. 그 시간 동안에는 오로지 나의 이야기, 오늘 하루 동안의 잘한 일과 아쉬웠던 일, 나의 행동과 감정을 정리하면 됩니다. 좋았는지, 싫었는지, 아쉬웠는지 등을 적으며 자신을 칭찬하기도, 자신을 독려하기도 하면 됩니다. 그렇게 나를 마주 보면, 세상에서 나를 가장 잘 아는 사람은 오직 자신이기 때문에, 다른 사람들이 나에게 하는 말들은 '헛소리'가 됩니다. 즉, 나를 가장 잘 아는 사람은 나이기에 독립된 존재로서 내면이 단단한 사람이 되고, 그로 인해 다른 사람의 눈치나 의견에 휘둘리지 않고 누구보다 나를 믿고 사랑하는 자존감 높은 존재가 되는 겁니다.

이러한 과정을 통해서 만일 내가 IQ, 기억력, 집중력이 최상위권이 아니라고 정확히 인지했다면, 고시나 전문직 같은 어려운 시험은 될 수 있는 대로 피하는 것이 좋습니다. 차라리 그 시간에 나의 '수준'에 맞는 다른 일을 하는 게 공부 스트레스 측면에서 더 낫고, 또 기회비용을 아끼는 방법이기 때문입니다. 그럼에도 공무원이 되고 싶다면 어려운 시험이 아닌 경찰, 소방, 9급 공무원 등 덜 어려운 시험을 골라서 도전하는 것이 지혜롭습니다.

그저 여러분은 자기객관화를 통해서 나의 재능이 구체적으로 어떤 부분에서 부족하고, 얼마나 부족한지, 또 최상위권과 나와의 재능의 격차는 얼마인지를 보며 자신의 인생을 어떻게 그려 나갈지만 결정하면 됩니다. 그리고 그 격차가 노력(돈, 사람, 훈련, 협업 등)을 통해 극복할 수 있는 정도인지 확인하기를 바랍니다.

나의 재능 파악하기

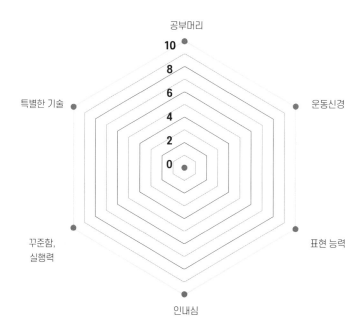

- 내 공부머리는 10점 만점에 몇 점?

- 내 운동신경은 10점 만점에 몇 점?

- 내 표현능력(글, 말)은 10점 만점에 몇 점?

- 내 인내심은 10점 만점에 몇 점?

- 내 실행력은 10점 만점에 몇 점?

- 나만의 특별한 기술이 있다면 10점에 몇 점?

분명 나의 수준에 맞는 일, 나의 성향에 맞는 일을 하는 게 최고로 행복한 것이니 스스로를 꼭 공부하면 좋겠습니다. 다시 강조하지만 절대로 여러분은 주눅들 필요가 없습니다. 결국 나를 자세히 들여다봐야 하는 이유는 행복해지기 위함이고, 보다 전략적인 인생을 살기 위함을 잊지 말기 바랍니다.

 미션

1) 구글에서 '붕어빵 성격 테스트' 찾아서 해보기

2) 완벽한 진로 공부법 책에서 '히포크라테스 심리 테스트' 해보기

3) 온 가족이 MBTI 검사를 한 뒤, 서로의 해설지를 읽고 이해하기

4) 나는 어떨 때 편안하고, 무얼 할 때 행복한지 3가지 상황을 적어보기

'나'의 꿈을 선포하자

그동안 인생 공부를 하느라 고생 많았습니다. 마지막으로, 꿈을 '시각화'하고 목표를 '선포'해 볼까요? 타고난 재능만큼 중요한 것이 노력이고, 그 노력의 시작은 '나는 할 수 있다!'라는 믿음이기 때문입니다. 실제로 세계적인 야구선수 오타니는 "인생이 꿈을 만드는 게 아니라, 꿈이 인생을 만드는 것이다"라는 말을 하며 꿈의 중요성을 강조했습니다.

오타니처럼 꿈을 선포하고, 시각적인 환경을 조성하는 방법은 참 많습니다. 드림 만다라트, 나의 인생 그래프, 버킷 리스트, 가족 가훈 꾸미기, 나의 최애 명언 디자인 등 다양한 활동을 친구 혹은 가족과 함께 해보세요.

이번 챕터에서는 특별히 '드림 만다라트'를 살펴보겠습니다. 만드는 방법과 예시를 구체적으로 설명하고 있으니, 여러분의 꿈을 생생하게 그려보기 바랍니다. 미신처럼 '보면 이뤄진다'라는 것이 아닙니다. 내가 이루고자 하는 것을 자주 봄으로써 내 행동을 유지하고 마음을 다잡을 수 있도록 '루틴 시스템'으로 만드는 것입니다. '나는 결국 잘 될 수밖에 없고, 나는 원하는 삶을 살게 될 것이다'라고 믿고 이를 위해 열심히 노력하기 바랍니다.

　　그러면 결국 이룰 수 있습니다. 거기까지 가는데 시간이 좀 더 걸리느냐 아니냐의 차이일 뿐입니다. 사람마다 재능이 다르고, 환경이 다르기에 약간의 차이가 있을 뿐 옳은 방향으로 가기만 하면 여러분은 어떤 순간에는 '행복'에 이르게 될 것입니다.

　　그리고 지금까지 계속 강조했듯, 인생의 7가지 공부(인생, 진로, 학업, 연애, 돈, 건강, 사람) 중 하나만 잘 가져도 행복한 삶이니 가족과 항상 웃음이 넘치는 것을 최우선으로 삼으면 좋겠습니다.

드림 만다라트

만다라트(Mandalart)란, 본질을 뜻하는 'Manda'와 소유를 뜻하는 'La', 예술을 뜻하는 'Art'를 결합한 합성어로, 목적을 달성하는 기술을 뜻합니다.

최종 목표를 중심으로 목표를 세분화하고, 목표 달성에 필요한 요소를 한눈에 볼 수 있다는 것이 장점입니다. 그럼 나만의 만다라트를 만들어 볼까요?

활동 순서

1) 만다라트 표 정중앙(A)에 최종 목표를 적습니다.
2) 최종 목표를 이루기 위해 해야 하는 일을 '1~8'칸에 적습니다.
3) 1~8칸에 적은 해야 할 일을 '목표 1~8' 정중앙에 적습니다.
4) 각각의 세부 목표(목표 1~8)를 이루기 위해 해야 하는 일을 적습니다.

만다라트 표

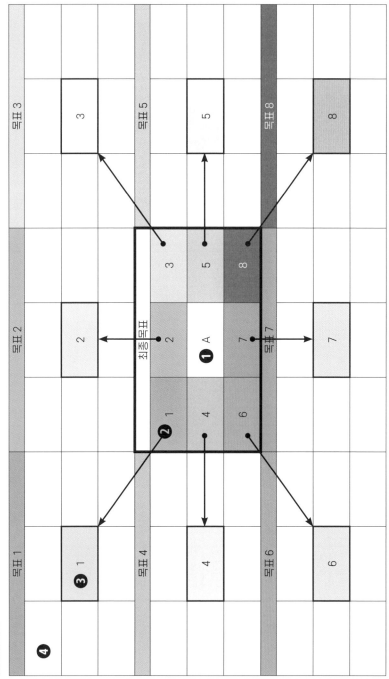

목표 3 3
목표 5 5
목표 8 8
목표 2 2
목표 1 1
목표 4 4
목표 6 6
목표 7 7

최종목표 2 3 5 8 A 7 1 4 6

❶ ❷ ❸ ❹

만다라트 예시

목표 1 — 내신 평균 1등급

오답노트 매일 정리	시험 4주 전 계획표 작성	시험기간엔 독서 절지 않기
수업 내용 당일 정리	내신 평균 1등급	쉬는 시간에 모르는 문제 질문
주 2회 소가 면 마지막까지 복심	기상 인증 챌린지 참여	방학 매 취약 과목 집중 학습

목표 2 — 교내외 활동

학교 선생님께 인사 잘하기	친구에게 1일 1칭찬하기	학교 임원 좋아하기
학생회, 동아리 적극 참여하기	교내외 활동	독서 감상문 작성하기
선생님께 글쓰기 피드백 받기	말하기 컨설팅받기	교육부 주관 체험활동 신청

목표 3 — 체력 단련/멘탈 관리

매일 스쿼트 2세트	하루 6시간 이상 숙면	음료수 대신 물 마시기
체력 단련/멘탈 관리	3줄 감사일기 쓰기	2분 방 청소로 청결 유지
걸어서 등하교하기	매일 스트레칭 3분 이상	영양제 구준히 챙겨 먹기

목표 4 — 진로역량 강화1

관련 유튜브 5개 시청	관련 종사자 5명 미팅	관심 분야 실험 캠프 참여
진로역량 강화1	관심 연구 논문 주기적 체크	메토 선배에게 노하우 전수
자기주도 학습	진로체험 신청하기	진로 탐색일지 매주 작성

최종 목표 — 서울대 입학

내신 평균 1등급	교내외 활동	체력 단련/멘탈 관리
진로역량 강화1	서울대 입학	진로역량 강화2
자기주도 학습	탐구역량 강화	학생부 종합 관리

목표 5 — 진로역량 강화2

서울대 면접 기출 주제 분석	하루 5분 신문 사설 읽기	일시 자료 수집하기
자소서 미리 작성하기	진로역량 강화2	전공 관련 찬반 토론 자료 만들기
도서 요약 및 서평 남기기	면접 예상 질문 뽑기	독식 후좋으로 말하기연습

목표 6 — 자기주도 학습

휴대폰 가방에서 안 꺼내기	EBS 연계 교재 활용하기	취약 과목 멘토링 받기
학습법 코칭받기	자기주도 학습	오답노트 매주 복습하기
학습 점검리스트 만들기	틀틀이 영단어 외우기	모의고사 실전처럼 연습

목표 7 — 탐구역량 강화

연구보고서 작성	탐구 관련 책 2권 읽기	교과 세특 점검리스트 체크
교내외 프로젝트 주도적 참여	탐구역량 강화	세특에 탐구 결과 기록 요청하기
탐구 관련 회사 탐방	진로 탐구 일지 작성	선생님께 피드백 받기

목표 8 — 학생부 종합 관리

봉사활동 후 느낀 점 기록	비교과 활동 후 성과 기록하기	진로 관련 찬반
지각하지 않기	학생부 종합 관리	진로 희망 사항 구체화
적극적으로 수업 참여	임시 전문 컨설팅받기	세특 보고서 작성

에필로그

아름다운 사람이 되기를

여러분은 '아름답다'에서 '아름'의 뜻이 무엇인지 알고 있나요? 바로, '나'입니다. 나다울 때 아름다워진다는 뜻입니다. 나다움, 나만의 색깔, 내가 디자인한 인생, 내가 주체적으로 결정하는 삶이 아름답다는 것입니다. 남이 정해놓은 길을 무작정 따라가는 게 아니라 내가 의사결정을 하고 내가 주도적으로 행동할 때 진정으로 나다운 인생을 살 수 있습니다.

남들이 그리는 여러분의 인생은 아름답지 못합니다. 결과와 상관없이 '내가 그려나가는 인생', 그게 아름다운 인생입니다. 여러분의 아름다운 인생을 응원합니다.

나를 칭찬하는 사람이 되기를

여러분이 칭찬에 인색하지 않았으면 합니다. 특히, 나를 아낌없이 칭찬했으면 합니다. '나는 잘될 수밖에 없고, 내 안에는 엄청난 거인이 있다. 그 거인이 공부를 잘할지, 장사를 잘할지, 말을 잘할지, 경청을 잘할지는 몰라도 그 거인은 내 인생을 현실적으로 행복하게 만들어줄 거다'라고 믿기를 바랍니다. 여러분 안에는 분명 거인이 있습니다. 그저 잠들어 있고 깊숙한 곳에 있을 뿐입니다.

그 거인을 깨우는 방법은 나를 믿고, 나를 사랑하고, 나를 칭찬하며, 이 책에 나온 대로 여러 경험을 반복하면 됩니다. 나도 나를 안 믿고, 나조차 나를 사랑하지 않는데 그 거인이 내 안에서 어떻게 나올까요? 모든 기적은 나를 믿고, 나를 사랑하는 데서 시작됩니다. 그러니 여러분을 엄청~ 사랑하기를 바랍니다. 남들이 뭐라 그래도 신경 쓰지 말고, 스스로를 무조건 사랑하기를 바랍니다. 그럼 놀라울 만큼 인생이 확 바뀔 겁니다.

끝까지 완주하고, 반복하는 사람이 되기를

여러분, 뭐든 끝까지 완주하기를 바랍니다. 완주만 하면 크건 작건, 뭐라도 생기기 때문입니다. 학교 공부를 완주하면 원하는 대학은 못 갈지라도 인내심, 자제력, 집중하는 법 등을 배우게 되고, 5km 마라톤을 완주하면 성취감과 건강을 얻게 됩니다. '버틴다'라는 동사에는 땀과 노력이 숨어있기 때문에 완주하면 뭐라도 얻게 되는 게 인생의 원리입니다.

또한, 반복을 지속하기 바랍니다. '전문가'라는 사람들도 결국 '지속적인 반복'을 통해 숙련도를 높여 돈을 버는 사람들입니다. 눈 감고도 떡을 써는 한석봉의 어머니, 생활의 달인에 나오는 만두 빚기 달인, 초밥 밥알 개수 세기 달인들도 반복으로 숙련도가 올라간 사람입니다. 우리 주위에 디자인, MC, 가수, 축구선수, 입시 등 모든 영역의 사람들은 이 반복으로 숙련도가 높아졌음을 꼭 깨닫기 바랍니다.

이 책을 읽고 유익하다고 생각한 선생님과 부모님이 있다면 주변의 동료 교사, 학부모, 학생들에게 널리 알려주시면 좋겠습니다. 책이 많이 알려져서 한 명의 학생이라도 더 현실적인 도움을 얻길 바라는 마음이기 때문입니다. 제 진심이 전해질 수 있도록 도와주신다면 감사하겠습니다. 완독해 주셔서 정말로 감사드립니다. 여러분의 삶에 웃음과 희망과 감사와 행복이 넘치기를 진심으로 기도합니다.

공부머리를
역 전 하 는
7가지
진로
공부법

초판 1쇄 발행 2025년 6월 10일

지은이 앤디 림, 윤규훈
브랜드 온더페이지
출판 총괄 안대현
책임편집 심보경
편집 김효주, 정은솔, 이수빈, 이제호, 전다은
마케팅 김윤성
표지·본문디자인 스튜디오 글리

발행인 김의현
발행처 (주)사이다경제
출판등록 제2021-000224호(2021년 7월 8일)
주소 서울특별시 강남구 테헤란로33길 13-3, 7층(역삼동)
홈페이지 cidermics.com
이메일 gyeongiloumbooks@gmail.com (출간 문의)
전화 02-2088-1804 **팩스** 02-2088-5813
종이 다올페이퍼 **인쇄** 재영피앤비
ISBN 979-11-94508-29-8 (43190)